시간을 건너
나를 만나다

시간을 건너 나를 만나다
내일의 길을 발견할 당신에게

초 판 1쇄 2025년 09월 25일

지은이 김혜련, 박경애, 박계자, 박명애, 박영희, 박윤주, 윤보연, 이희정, 전향연, 조정옥
펴낸이 류종렬

펴낸곳 미다스북스
본부장 임종익
편집장 이다경, 김가영
디자인 임인영, 윤가희
책임진행 안채원, 이예나, 김요섭, 김은진

등록 2001년 3월 21일 제2001-000040호
주소 서울시 마포구 양화로 133 서교타워 711호
전화 02) 322-7802~3
팩스 02) 6007-1845
블로그 http://blog.naver.com/midasbooks
전자주소 midasbooks@hanmail.net
페이스북 https://www.facebook.com/midasbooks425
인스타그램 https://www.instagram.com/midasbooks

ⓒ 김혜련, 박경애, 박계자, 박명애, 박영희, 박윤주, 윤보연, 이희정, 전향연, 조정옥, 미다스북스 2025, *Printed in Korea*.

ISBN 979-11-7355-501-5 03810

값 18,500원

※ 파본은 구입하신 서점에서 교환해드립니다.
※ 이 책에 실린 모든 콘텐츠는 미다스북스가 저작권자와의 계약에 따라 발행한 것이므로 인용하시거나 참고하실 경우 반드시 본사의 허락을 받으셔야 합니다.

미다스북스는 다음세대에게 필요한 지혜와 교양을 생각합니다.

시간을 건너 나를 만나다

내일의 길을 발견할 당신에게

김혜련
박경애
박계자
박명애
박영희
박윤주
윤보연
이희정
전향연
조정옥

"피어나는 삶의 기록,
10인의 목소리로 전하다."

미다스북스

들어가는 글 7

새로운 시작을 위한 용기

1	보랏빛에 물든 하루 (김혜련)	13
2	가르치던 내가, 이제는 배워야 할 때 (박경애)	18
3	떠나보고 알게 된 것들 (박계자)	23
4	추억 속의 놀이 (박명애)	28
5	처음으로 '나'를 입다 (박영희)	32
6	떠나보내는 용기 (박윤주)	37
7	엄마의 작은 도전, 큰 성장 (윤보연)	41
8	나를 향해 걷기 시작한 날 (이희정)	47
9	내 가슴에 들어온 사람 (전향연)	53
10	이대로 괜찮은 걸까 (조정옥)	58
°	질문으로 건너는 시간 1	62

관계 속 자라나는 마음

1	인생의 쉼표 하나 (김혜련)	67
2	책으로 연결된 우리 (박경애)	72
3	에너지의 원천 (박계자)	77

4	아이들의 향기가 피어나다 (박명애)	82
5	불안했던 시간을 지나고 (박영희)	86
6	일상에서 배우는 풍경 (박윤주)	91
7	나를 철들게 한 사람들 (윤보연)	96
8	나의 시네마 천국 (이희정)	100
9	사람 사이 마음의 자리 (전향연)	107
10	쓰다, 걷다, 살아나다 (조정옥)	112
°	질문으로 건너는 시간 2	116

3장

붙잡을 것과 놓아줄 것

1	변해도 변하지 않는 것 (김혜련)	121
2	끝내 나를 붙드는 힘 (박경애)	126
3	살아갈 기적 (박계자)	131
4	새벽을 깨우는 사랑 (박명애)	136
5	애씀에서 쉼으로 (박영희)	140
6	비워낸 자리에서 피어난 나 (박윤주)	145
7	나와 너의 사춘기 (윤보연)	149
8	구절초가 피어 있는 길 위에서 (이희정)	154
9	기다림의 온도 (전향연)	159
10	시작할 기회 (조정옥)	164
°	질문으로 건너는 시간 3	169

4장

다시 피어나는 삶

1	오래 묵힌 마음 (김혜련)	175
2	버티는 삶에서 돌보는 삶으로 (박경애)	181
3	미니멀 라이프 (박계자)	185
4	아들의 꿈에 날개를 달다 (박명애)	190
5	나의 맞선 주윤발을 만났던 그날 (박영희)	195
6	오늘을 사는 의미 (박윤주)	200
7	한발 물러서서 (윤보연)	205
8	다시 쓰는 이야기 (이희정)	210
9	넘어진 자리에서 (전향연)	215
10	잊었던 꿈, 그림책으로 꺼내다 (조정옥)	220
◦	질문으로 건너는 시간 4	225

마치는 글   228

들어가는 글

엘리베이터 앞에서 여섯 살쯤 되어 보이는 여자아이가 물었다.
"할머니, 몇 살이에요?"
아직 손주가 없는 나는 순간 낯설고 당황스러웠다. 민망해하는 엄마와 함께 엘리베이터를 탔다. 태연한 척했지만, 속으로는 '아직 할머니가 아니야.'라고 되뇌었다.
거울 속 내 모습은 분명 누군가의 할머니일 수 있는 나이였지만, 마음만큼은 여전히 스무 살이었다. 그 스무 살이 세 번이나 지나고 있다.
"지금의 나는 누구일까?"
그 아이가 던진 한마디는 내 안의 단단한 무언가를 '툭'하고 건드렸다. 내가 바라보는 나와 남이 바라보는 나 사이에 틈이 생긴 듯했다. 세월을 건너온 스무 살의 나, 아이들을 키우며 엄마로 살았던 나, 유치원 원장으로 마음을 다해 걸어온 나, 그리고 언젠가 누군가의 할머니가 될 나. 그 모든 시간이 쌓여 지금의 나를 이루고 있었다. 나이란 단순히 숫자가 아니라 살아온 이야기가 남긴 깊이라는 생각이 들었다.

　살아온 시간을 돌아본다는 건 단순한 과거 회상이 아니었다. 그 속에서 내가 어떤 감정을 품고, 어떤 관계를 맺고 끊어왔는지를 들여다보는 일이었다. 무엇을 붙잡고 또 무엇을 흘려보냈는지를 마주하는 일이기도 했다. 지금의 나는 과거의 나와 현재의 나, 그리고 미래의 나를 연결하며 살아가는 존재인지도 모른다.
　돌아보면 특별한 날보다 평범한 하루들이 더 많았다. 거창한 결정보다 조용한 선택이 모여 지금의 나를 만들었다. 아팠던 순간과 외면하고 싶었던 기억까지 품고 지나왔다.

　그러던 어느 날, 코칭 모임을 함께하던 작가님께 공저 책 쓰기 제안을 받았다. 망설임보다 묘한 끌림이 앞섰고, 그 끌림은 내 안에 여전히 살아 있는 열정과 용기를 흔들어 깨웠다. 글을 쓰며 '나'라는 존재는 조금씩 다른 색으로 물들어 갔다.
　열 명의 작가가 각자의 자리에서 꺼낸 삶의 조각들. 기억을 더듬으며 써 내려간 이야기는 우리가 어떻게 시간과 마주하며 성장하고 변화해 왔는지를 담아냈다. 글쓰기는 흘러간 시간을 다시 품에 안고 '지금의 나'를 이해하게 만드는 따뜻한 위로가 되어 주었다.
　이 책은 네 개의 장으로 구성되어 있다. 우리가 보낸 시간에 대한 기록이며, 내가 선택하고 살아낸 시간이 어떻게 우리를 빚어왔는지를 담고 있다.

1장 '새로운 시작을 위한 용기'에서는 익숙함을 벗어나 새로운 길을 향해 내디뎠던 순간들을 담았다. 때로는 머무는 것이 더 편했을지도 모르지만, 작은 한 걸음이 결국 지금의 나를 만들어 왔다. 삶의 변화는 불편함을 허락하는 데서 시작되었다. 2장 '관계 속 자라나는 마음'에서는 인생의 가장 깊은 울림은 사람 사이에서 일어난다는 사실을 마주한다. 기대고 밀쳐지고, 오해하고 이해받으면서 우리의 마음은 관계 속에서 자라났다. 그 흔적들이 모여 나의 마음 풍경이 되었다. 3장 '붙잡을 것과 놓아줄 것'에서는 살아가면서 무엇을 품고 무엇을 내려놓아야 하는지에 대한 질문을 이어간다. 잡고 싶은 것도 많았고, 놓기 싫은 것도 있었지만, 진정 나답게 살기 위해서는 분별의 시간이 필요했다. 놓는 법을 알았을 때 비로소 자유로움을 맛볼 수 있었다. 4장 '다시 피어나는 삶'에서는 상실과 아픔이 지나간 자리에도 다시 피어나는 생명력이 있다는 것을 깨닫는다. 완전히 무너졌다고 여겼던 순간에도 다시 살아갈 이유를 찾았다. 끝이 아니라, 다시 일어서는 시간은 언제든 스스로 만들어 갈 수 있다는 사실을 받아들였다.

삶의 어느 지점에서든, 한 번쯤 멈춰 서서 자신에게 물어보기를 바란다. "나는 어떤 시간을 살아냈고, 앞으로 어떤 시간을 살아가고 싶은가?"

내 삶을 되짚어 보며 앞으로의 마음을 단단히 세워 간다. 열 명의 공저 이야기를 통해, "나만의 이야기도 충분히 의미 있다."라는 자신감을 전하고 싶다. 이제부터 남은 시간을 어떻게 보낼 것인지를 스스로 결정할 수 있는 내면의 힘도 길러졌다.

삶은 각자의 방식으로 흐른다. 어떤 이는 빠르게, 어떤 이는 천천히. 누군가는 고요한 물길을 따르고, 또 다른 이는 험한 파도를 마주한다. 계절이 바뀌듯, 삶도 끊임없이 순환하며 우리를 새로운 지점으로 이끌어 준다.

어쩌면 당신 안에도 다시 피어나는 삶이 이 책의 어느 한 페이지에서 조용히 시작될지 모른다.

열 명의 삶을 열며

박영희

1장

새로운 시작을
위한 용기

익숙한 자리에서 한 걸음 내딛는 순간,
비로소 삶은 새로운 장을 열기 시작한다.
두려움은 시작의 또 다른 이름, 그 너머에서 우리는 다시 태어난다.

1

보랏빛에 물든 하루

(김혜련)

"인생은 과감한 모험이거나, 아니면 아무것도 아니다."

– 헬렌 켈러(Helen Keller)

버스에 몸을 실은 순간부터 남편과 함께였다. 전날까지만 해도 떠날 수 있을지 마음이 불안했다.

남편은 "그냥 자유롭게 가면 될 것을 왜 패키지여행이야?", "왕복 8시간을 버스 타고 어떻게 가냐?"라며 당장 환급하라 했다.

며칠 전, 신안군 퍼플섬에 다녀온 후배 이야기를 전하며 함께 가보자 했다. 보라색이라는 단 하나의 콘텐츠로 사람을 모으는 특별함이 궁금했다. 오랜만에 남편과 떠날 여행이 설레기도 했다. 운은 뗐으니 행동으로 옮길 일만 남았다. 5월의 마지막 토요일이었다. 미룰 일은 아니었다.

여행사 홈페이지를 검색하니 딱 두 자리가 남아 있었다. 망설임 없이 결제해 버렸다. 남편에게 물어보면 또 "나중에 가자."라고 할 게 뻔했다.

내가 먼저 저질러야 뭐든 시작된다.

　환급도 안 되고 예약한 경비가 아까워서라도 남편은 분명 가자고 할 것 같았다. 남편이 일찍 잠자리에 드는 걸 보고 확신할 수 있었다. 덩달아 잠을 청했다. 새벽 6시 30분 출발해서 저녁 8시 대구에 도착하는 일정이었다.

　버스가 달리기 시작하자 남편은 창밖 풍경을 바라보며 말을 건네왔다. 옛 추억을 소환하는 안정된 말투에 마음이 편안해졌다.
　어릴 적 보리 이삭 주워 과일과 바꿔 먹던 이야기, 궁핍했던 시절이 가져다준 감사함. 군 복무 시절 선임의 괴롭힘에 맞선 영웅담. 우리가 연애하던 시절, 외손주 자라는 이야기까지 장거리 여행이 즐거워졌다.
　휴게소에서 간식을 먹었다. 당근, 오이, 토마토, 삶은 달걀, 물, 참외 등 푸짐했다. "역시 준비가 철저하네." 남편의 말에 뿌듯했다.

"이제 나도 늙었지. 마누라 비위 맞추려고 새벽 4시부터 일어나 준비했어."
　남편은 아내 때문에 끌려왔다고 장난스럽게 말하며 가이드에게 음료를 건넸다.
　가이드는 퍼플섬의 유래를 알려 주었다. 보랏빛 섬들을 이어주는 1,462m '소망의 다리' 퍼플교.
　퍼플교는 박지마을에서 평생 살아온 김매금 할머니의 '걸어서 섬을 건너고 싶다.'라는 간절한 소망을 담아 만든 다리라고 했다.

2007년 퍼플교를 시작으로 주민들과 함께 특색있는 퍼플섬을 만들어 보자는 데 신안군이 뜻을 같이하였다. 이곳에서 서식하는 왕 도라지꽃, 꿀풀꽃 등 보랏빛 꽃이 많이 피어나는 것을 살려 보라색으로 꾸미게 되었다.

안좌도-반월도-박지도를 잇는 목조 다리를 포함해 마을 주택 지붕과 구조물 등이 온통 보라색으로 마치 동화 속 마을에 들어선 느낌이라 했다. 목교와 해안 산책로에는 라벤더, 자목련, 수국을 심고, 마을 지붕과 작은 창고의 벽, 심지어 앞치마와 식기, 커피잔까지 모두 보라색으로 만들었다. 대한민국 최초로 섬 자체를 특정 색깔로 이미지화하는 데 성공한 사례였다.

바다 위를 걸어 섬과 섬을 여행하는 이색적인 경험을 생각하니 설레었다. 퍼플섬으로 향하는 천사 대교를 건너 30분 지나자, 보랏빛으로 물든 풍경이 서서히 눈에 들어왔다. 길, 다리, 의자, 심지어 조형물까지 모두 보라색이었다.

여행사에서 기념으로 준 보라색 손수건을 목에 둘렀다. 보라색을 지니고 오면 입장료가 무료였다. 보라색 옷이나 소품을 착용한 사람을 구경하는 것도 쏠쏠한 재미였다. 상의를 단체로 맞춰 입거나, 보라색 우산, 조끼, 모자, 머플러 등 온통 보라색 물결이었다.

가이드의 "웃으세요!"라는 말에 활짝 웃으며 커플 사진을 찍었다. 보라색 다리를 걷는 내내 마음이 부드러워졌다. 손을 잡고 걸었다. 바쁘게 살아가던 일상에서 느낄 수 없던 여유였다.

자유 시간 동안 섬 구석구석을 걸었다. 낯설지만 같은 여행사 버스로 함께 온 일행과 마주칠 때면 가볍게 인사를 건넸다.

늦은 점심을 먹었다. 남편은 비빔 회를 먹고 나는 낙지볶음을 먹었다. 영수증을 보니 계산이 잘못되어 있었다. 26,000원인데 24,000원이 결제되었다. 다시 카드를 내밀며 취소하고 제대로 결제해달라고 말하니 주인아주머니는 고맙다며 인사했다. 2,000원의 정직함에 남편과 눈을 마주치며 웃었다. 식당 옆 커피집에 들렀다. 커피 한 잔에 커피콩 미니 빵을 4개나 덤으로 주었다. 넉넉한 인심에 감사했다.

두 번째 일정은 '1004섬 분재 공원'이었다. 나무 한 그루, 한 그루에 정성이 깃들어 있음을 느꼈다.

다도해의 아름다운 5천만 평 광활한 바다 정원과 자연 속 휴식 공간인 분재원. 애기동백 숲길, 작은 수목원, 화원 등 볼거리가 가득했다. 돌 조각과 꽃, 물소리, 그리고 자연환경에 감탄사가 터져 나왔다. 이 모든 것이 정성 어린 마음과 손끝에서 살아나는 것 같았다.

잘 정돈된 자연, 그 자연스러움 속에서 느껴지는 섬세함. 분재의 아름다움 이면에 숨겨진 아픔과 고통까지 엿보였다. 분재도 삶도 어떻게 가꾸느냐에 따라 만들어지고 완성된다는 것을 깨달았다.

이곳에는 수령 1,500년짜리 주목 분재가 있었다. 가격을 20억 원으로 안내하는 표지판도 보였다. 이 희귀한 분재는 방문객의 눈길을 사로잡았다. 분재 앞에 줄을 서서 기념 촬영했다.

'비바람과 태풍의 고통 없이 마냥 좋았던 날은 알맹이 없는 빈 호두였다.'라는 이야기가 떠올랐다. 고통이라는 과정을 끌어안고 마주한 세월. 한 줄기 빛이라도 놓치지 않고 살아가려는 마음. 경건한 침묵의 시간을 견뎌내는 것. 다듬어야 비로소 아름다움과 가치까지 드러나는 법이다.

왕복 8시간의 버스 이동은 분명 몸을 피곤하게 했지만, 오히려 마음만은 말랑말랑해졌다. 뭔가 특별한 것을 하지 않아도 좋은 사람과 함께하는 하루는 그 자체로 충분히 의미 있고 따뜻했다.

많은 말보다 함께 내딛는 발걸음과 같은 곳을 바라보는 시선이 좋았다. 살면서 이런 하루가 가끔은 필요하다. 내 마음에 보랏빛이 물드는 시간. 동반자와 함께 마음을 걷는 하루였다. 그동안 너무 힘주며 살았다. 이제는 힘 빼고 유연하게 살아가고 싶다. 익숙함을 떠나는 용기로 누렸던 하루였다.

2

가르치던 내가,
이제는 배워야 할 때

(박경애)

"자신을 아는 것이 모든 지혜의 시작이다."

– 아리스토텔레스(Aristoteles)

    가르치는 일은 오랜 시간 나의 일상이었다. 초·중등 수학 강사와 공부방 선생님으로 20여 년 보냈다. 학생들의 성적을 올리는 것도 수월하지 않았다. 개인차가 있었고 모두를 이해시키는 데 어려움이 있었다. 학부모의 기대에 응답하려 애썼다. 경쟁이 치열해졌고 해가 갈수록 찾아오는 발걸음도 뜸해졌다. 남아 있던 다섯 명의 학생을 다른 학원으로 보내고 공부방을 정리했다.

    이제 쉰넷. 100세 시대를 생각하면 앞으로 20년은 더 일할 수 있다. 그 시간은 나를 위한 시간이어야 한다고 마음먹었다.

    스물여덟, 남편은 갑작스러운 심장마비로 세상을 떠났다. 생후 21개월 된 딸을 두고 하늘나라로 가야 할 이유가 있었던 걸까? 그가 남기고 간 건 대출금과 작은 아파트 하나, 그리고 현금 한 푼 없이 남겨진 나와 핏덩이 딸이었다. 장례를 치르고 한 달도 되지 않아 컴퓨터 회사에 취업했다. 딸은 어린이집에 다녔다. 전업주부에서 직장인으로 전쟁 같은 삶이 시작되었다. 돌아보면 딸을 키우기 위해 쉼 없이 달려왔다.

다행히 딸은 일찍 철이 들었다. 열다섯 살쯤 "환경을 바꾸는 건 결국 공부밖에 없어요."라며 스스로 동기부여를 했다. 경제적 여유가 없는데 자율형 사립 고등학교 진학을 원했다. 대구에서 포항까지 떨어져 지내는 것도 외롭고 힘들었다. 포항의 J 사립고를 졸업하고 서울 E 여대에 진학했다. 나는 늘 붙잡으려 했고 딸은 자꾸만 더 높은 곳을 향해 달려갔다.

대학을 4년 안에 졸업하기를 바랐지만, 딸은 간호학과에서 경제학과로 전과했다. 1년 휴학하고 아르바이트하며 자신의 진로를 찾아갔다. 복학하여 공인회계사 자격증 공부를 병행하였다. 4년 만에 공인회계사 자격시험에 합격했다. 넉넉하게 도와주지 못해 미안했지만 기특하고 자랑스러웠다. 어려운 여건 속에서도 자신의 가능성을 믿고 원하는 것을 끝내 얻었다.

마음으로 고생한 딸이 경제적 독립을 하였다. 그동안 서울살이 월세와 생활비 마련은 벅찼다. 나의 힘든 일을 덜어준 딸이 고마웠다.

내가 걸어온 시간은 딸을 위한 것이었다. 이제는 나 자신을 위한 노후와 어려울 때 내 손을 잡아준 사람들에게 보답하며 살고 싶다.

　직업을 바꾸기 위해 여러 일에 도전했다. 요양보호사, 산후 도우미, 주간 보호 센터, 장애인 근로 지원사를 경험해 봤다. 내가 약해 보인다며 채용을 꺼렸고 나 또한 힘들어 포기한 일도 있다.

　K 학습지 방문 교사 일을 도전했다. 면접과 교육이 한 달 정도 소요되었다. 근로 계약서를 작성하고 일을 시작한 지 벌써 1년 되었다. 학습지는 전 과목이었다. 일어와 중국어는 전공자인 동료에게 수업을 신청해서 배우며 가르쳤다. 덕분에 4개국어를 한다. 오랜 시간 가르치는 일을 해 왔기에 업무는 낯설지 않았다. 사람 관계에서는 실적 중심이었던 직속 상사와 맞지 않아 힘들었다. 그만두려 했으나 동료 덕분으로 버틸 힘이 생겼다.

　예전에는 학생들이 나를 찾아왔지만, 이제는 내가 집마다 찾아가야 했다. 시간표는 촘촘했고 엘리베이터가 고장 나면 시간에 쫓겼다. 기다리던 부모와 아이 얼굴에 화가 나 있는 걸 보면 미안하다는 말 외엔 할 말이 없었다. 수업이 끝나면 곧장 다음 집으로 뛰어가야 했다.

　초등학교 2학년 동수는 분수 덧셈을 배우기 시작했다. 수업 시간에 문제는 잘 풀었다. 숙제하면서 힘들어 울었다며 결국 수업을 그만두었다. 아이가 연산을 잘한다고 해서 학년의 수학 개념을 모두 이해하는 것은 아니었다. 하지만 연산이 익숙한 아이들은 문제를 풀 때 두려움이 적었다. 그런 경험이 공부에 대한 자신감으로 이어진다. 자신감은 흥미를 만들고 흥미는 다시 배우고자 하는 마음을 키워 준다. 수학은 단순히 정답을 맞히는 과목이 아니라 과정을 설명하고 이해와 응용하는 능력이 필요하였다. 자기 주도 학습이었기 때문에 가르치는 것보다 이끌어 주는 것이 더 중요했다.

  밤 10시 반 수업을 마치고 운전해 집으로 돌아오는 길은 피곤과 늘 부족함을 느꼈다. 하지만 학생들이 잘 따라주고 수업을 기다려 줄 때면 마음 한편이 따뜻해졌다. 7세 은아는 자기가 좋아하는 예쁜 스티커와 과자를 수업 마치면 전한다. 초등학교 2학년 준호는 엘리베이터 앞에 나와서 기다린다. 중학교 1학년 철수는 수업이 끝나면 "선생님 힘내세요."라며 음료와 과자를 가방에 넣어준다. 작은 마음에 큰 위로를 받는다.
  그런데도 수업을 그만두는 학생이 생기면 마음이 무겁다. 내가 부족해서 그런 건 아닐까, 고민하게 된다. 하지만 이제는 안다. 일을 오래 하려면 자신을 괴롭히지 말아야 한다는 것을.
  "고생했다. 앞으로 더 잘될 거야." 나에게 하는 이 말이 가장 큰 힘이 되었다.
  일이란 언제나 쉽지 않다. 중요한 건 어떤 일을 하느냐 보다 그 일을 하며 나의 마음을 어떻게 다스리느냐다. 느긋함과 꾸준함이 결국 성공을 이끈다. 오늘도 조금 더 나은 내일을 향해 나아간다.

  지금까지 누군가를 가르치는 삶을 살아왔다.

매주 금요일 저녁 8시 줌(Zoom) 글쓰기 수업은 나를 위한 시간이다. 성장하기 위한 첫걸음이다.

딸은 할 수 있다는 신념으로 자신의 미래를 열어가고 있다. 엄마인 나도 앞으로의 삶에서 익숙함을 떠나 글쓰기로 용기 내었다.

혼자 남겨졌던 젊은 날, 딸을 키우기 위해 쉼 없이 달려왔다. 딸의 성장과 독립은 곧 내 인생의 새로운 시작점이 되었다. 나이, 체력, 현실의 벽에도 불구하고 다시 배움 앞에 섰다. 익숙한 교육 현장도 방식이 달라지니 다시 배움이 필요했다. 때론 자책도 하지만 나를 격려하며 하루를 버틴다. 이제는 글을 통해 삶을 돌아보고 자신을 키운다. 지금은 내 인생을 다시 배우는 중이다.

3

떠나보고 알게 된 것들
(박계자)

"여행은 정신을 다시 젊어지게 하는 '샘'이다."

– 안데르센(Hans Christian Andersen)

오래전부터 유럽 여행을 상상해 왔다. 남편에게 말했다. "다른 사람들처럼 우리도 돈 모아서 유럽 여행 한번 가봅시다." 일상은 늘 바빴고 여유는 멀게만 느껴졌다. 막연한 꿈같은 소리였다. 하지만 사진으로만 보던 예술과 역사, 자연풍경과 고풍스러운 거리가 막연히 그리웠다.

얼마 지나지 않아 자식들이 뜻밖의 제안을 했다. 우리 부부의 환갑을 기념해 유럽 여행을 보내 준다고. 그 말을 듣는 순간 마음은 이미 유럽 하늘을 날고 있었다. 키워 놓으니 이런 큰 선물을 받을 때도 있구나, 고마웠다. 그리고 꿈은 반드시 이루어진다는 말이 실감 났다.

여행은 사람마다 얻는 게 다르다. 누군가에겐 충전이고 누군가에게는 영감이다. 아이들에겐 세상을 보는 눈을 넓히는 교육이 된다. 나에게 여행은 익숙한 틀을 벗고 낯선 세상을 내 안으로 들이는 일이다. 반복된 하루 안에 감춰졌던 내 안의 감각을 깨우는 시간이다.

처음 여행한 곳은 이탈리아 남부 고대 유적지 폼페이였다. 베수비오 화산 폭발로 한순간에 사라졌던 도시. 그 거리를 걸으며 수천 년 전의 공중목욕탕에서 그들과 함께 목욕하는 상상을 해 보았다. 가이드가 도착 전, 차 안에서 〈푸니쿨리 푸니쿨라〉 노래를 들려주었다. 베수비오산에 설치된 산악 케이블카를 홍보하기 위해 만든 곡이라 했다. 대중 방송에서 분위기 전환용으로 신나게 들었던 곡이었다. 이 노래는 전 세계 신세대들에게 인터넷 속 짧은 영상으로 잘 알려져 있다.

다음날 로마시에 있는 바티칸 시국 바티칸 박물관에 갔다. 천재 예술가 미켈란젤로와 라파엘로의 작품들을 직접 볼 수 있는 곳이다. 미켈란젤로의 〈천지창조〉, 〈최후의 심판〉, 라파엘로의 〈아테네 학당〉 등 걸작을 감상하였다.

특히 미켈란젤로의 시스티나 성당 천장에 그린 〈천지창조〉는 대단했다. 천장에 회반죽을 바른 뒤에 그것이 마르기 전 안료를 입혀 빨리 그림을 그린 프레스코화이다. 그는 원래 조각가다. 그래서인지 그림이 조각처럼 입체적으로 보인다. 단순한 종교 서사에서 우주적 예술로 끌어올린 작품이라 한다.

라파엘로가 남긴 최고의 작품 〈아테네 학당〉도 보았다. 그리스 철학자 플라톤과 아리스토텔레스 등 수학자, 철학자, 천문학자 등 유럽 역사에 이름을 널리 알린 사람들이 모두 그려져 있다. 라파엘로의 모습도 그려져 있는 것을 가이드의 안내로 알게 되었다.

기차를 타고 스위스로 넘어갔다. 융프라우요흐에 가기 위해 그린델발트역에 도착했다. 그곳에는 또 다른 세상이 펼쳐져 있었다. 기차에서 내리자 야생화와 푸른 초원, 그 위로 설산이 이어져 한 폭의 그림처럼 내 눈앞에 모습을 드러냈다. 나는 "여기서 한 달쯤 멍하니 있으면 좋겠다."라고 말했다. 힘들고 지칠 때 이곳으로 시간여행을 꼭 올 것 같았다.

다음 날, 스위스 작은 시골 도시 마이엔펠트로 갔다. 요한나 슈피리 작품『하이디』의 배경이 된 곳이다. 어린 시절 읽었던 하이디는 나에게 알프스에 대한 환상을 심어주었다. 그래서 여행을 떠나기 전 책을 구매해서 다시 읽었다.

하이디 마을 속에 내가 서 있다. 우리를 반겨 주듯 하늘은 온통 푸르렀다. 동화 속 하이디가 되어 알프스의 바람과 풀밭에서 풍기는 향기로운 풀 냄새를 맡았다. 붉은빛 앵초와 푸른빛 용담, 옅은 금빛 시스투스 꽃들 사이로 나는 뛰어다녔다. 흥분되었다. 그리고 짜릿했다. 하이디와 페터, 데이지와 더스키 염소들과 그 사이사이 피어있는 야생화들…. 우리는 기억을 남기기 위해 함께 사진을 찍었다. 마치 꿈을 꾸는 것 같았다. 남편이 "당신 꼭 하이디 같다."라고 말했다. 부끄러웠지만 행복했다.

이번에는 프랑스로 갔다. 파리에 있는 루브르 박물관을 관람했다. 그

곳에는 이탈리아 출신 레오나르도 다빈치의 작품 〈모나리자〉가 있었다. 이 박물관에서 모나리자를 봤으면 다 보았다고 할 정도로 유명한 작품이다.

〈모나리자〉 그림 앞에 섰다. 책에서만 보는 그림이 바로 눈앞에 있었다. 그녀는 사각의 캔버스 속에서 신비스러운 미소를 보여 주었다. '아, 살다 보니 이런 날도 있구나.' 평생 잊지 못할 감격의 순간이었다. 지금 이 그림을 보고 나면 언제 또 이곳에 와서 볼 수 있을까? 울컥하며 눈물이 났다. 그런 나의 마음을 알아챈 건지 남편이 모나리자를 바라보는 내 모습을 여러 장 찍어 주었다.

밤이 찾아오고, 우리는 에펠탑이 보이는 센 강 위의 유람선에 올랐다. 사실 에펠탑은 그다지 기대하지 않았던 장소였다. 텔레비전과 엽서로 익숙하게 봐왔기 때문이었다. '시시할지도 몰라.'라고 생각했다. 예상과 달리 밤하늘 속에서 황금빛으로 반짝이는 에펠탑을 마주한 순간, 가슴이 철렁했다. 마치 아름다운 거인이 나를 향해 인사하듯 눈부시게 빛나고 있었다. 나는 마음속으로 에펠탑에 고개를 숙였다.

'당신을 얕봤어. 미안해.'

    미라보 다리 아래 센 강이 흐르고
    우리들의 사랑도 흘러간다.

나는 감상에 젖어 아폴리네르의 시 「미라보 다리」를 읊었다. 여행객의 박수를 받았다. 우리의 배는, 낯선 풍경 속에서 센 강을 유유히 흘러갔다. 무언가 모르게 설명할 수 없는 자유로움이었다.

 여행에서 돌아오니 그곳의 예술품과 자연풍경이 이제는 정다운 친구처럼 느껴진다. 무엇보다 이 여행을 떠나기까지 많은 망설임이 있었다. 익숙하지 못한 사람들, 모든 것이 두려웠다. 하지만 꿈을 향해 용기를 내었다. 평소의 나였다면 "이 나이에 무슨…." 하며 주저앉았을지 몰랐다. 용기를 내는 순간 세상은 나에게 또 다른 세상을 보여 주었다. 때로는 일상을 떠나야 삶이 더 잘 보이는 모양이다. 떠나는 일은 낯설지만 낯선 그곳에서 나는 새로운 내가 되었다.

 여행은 삶이 얼마나 넓고 아름다울 수 있는지를 보여 주었다. 지금도 여행에서 얻은 힘으로 일상을 살아간다. 익숙함은 편안하지만, 변화와 성장은 기대하기 어렵다. 용기 내어 한 걸음 내디딘 그날, 내 안의 오랜 꿈과 마주했다. 풍경을 보고 예술을 눈으로 안았다. 무엇보다도 '가족과 함께'라는 소중함을 다시 깨달았다. 여행은 끝났지만, 그 감동은 지금도 내 안에 여행 중이다. 그리고 또 다른 '익숙함을 떠날' 꿈을 꾼다.

4

추억 속의 놀이
(박명애)

"기억은 마음의 일기장이다."
- 알프레드 드 뮈세(Alfred de Musset)

맑은 하늘에 소나기가 우두둑 몇 방울 내렸다. 빗줄기가 굵어졌다. 학교 수업을 마친 친구들과 집으로 가는 길이었다. 우리는 넓적한 피마자 잎이 무성한 줄기 밑으로 달려갔다. 잠시 후 비가 잦아들자 커다란 피마자잎 몇 장을 떼 내 우산 삼아 머리 위에 썼다. 비와 한 몸이 되어 집으로 가는 길은 우리만의 축제였다. 논과 밭을 가로지르며 개울가를 따라 걸었다. 산 너머 해가 반짝이자 무지개가 나타났다.

"와, 무지개다!" 상기된 목소리로 외친 내 말에 아이들이 모두 멈춰 섰다. 무지개 너머 세상을 꿈꾸는 찬란한 순간이었다.

소나기가 지나간 자리에 생긴 물길을 따라 우리는 다시 놀기 시작했다. 신발을 벗고, 가방을 젖은 어깨에 걸친 채, 피마자 잎 우산은 길가에 던져두었다. 조약돌이 모인 고랑으로 물이 흐르고 그 속을 장난치듯 걸으며 물을 튕겼다. 개울물 속에 피라미가 헤엄치는 걸 보고 환호성을 질렀다.

"잡아보자!" 외치며 손을 담갔다. 잡힌 건 물뿐이었다. 그래도 실망하지 않았다. 손끝에 닿는 물결과 웃음소리와 친구들의 목소리는 유년 시절 즐거움의 전부였다.

좁은 논둑길을 걷다 보면 몸의 중심이 흐트러져 미끄러졌다. 흙 속에 신발이 빠지고 신발을 벗은 발은 흙투성이가 되었다. 쫀득한 흙이 발가락 사이로 재미난 모양을 그리며 빠져나왔다. 그 느낌은 마치 몰랑몰랑 밀가루 반죽처럼 폭신폭신하였다. 시간 가는 줄 모르며 놀이에 몰입했다. 얼굴이며 손, 팔까지 흙과 일심동체가 되어버렸다. 그렇게 놀이에 빠진 시간이 얼마나 흘렀을까? 배에서 꼬르륵 소리가 났다.

길옆 풀숲의 잎들은 물방울이 대롱대롱 맺혀 빛났다. 그냥 지나치지 않고 가위바위보로 누가 더 많이 터뜨리나 내기했다. 물방울을 손가락으로 터뜨린다. 그러다 풀숲 사이에 산딸기를 발견했다. 모두 한가득 손에 따서 산딸기의 맛에 빠져들고 배고픔도 잠시 잊었다.

저녁 무렵 마을 근처 굴뚝에서 하얀 연기가 피어오르자, 우리는 집으로 발걸음을 돌렸다. 젖은 신발을 다시 신었다. 땀과 비에 범벅이 된 옷차림이었지만 마음은 콧노래를 부르며 신이 났다.

 추억은 잊히는 것이 아니라 삶의 구석구석에 살아서 움직인다. 때로는 눈물 아닌 웃음이 나를 반겨주며. 자연 속에서 보낸 시간은 마음의 울타리가 되어 준다. 익숙했던 것들과 점점 흐려지는 시간은 두렵지만 필요한 용기다. 어릴 적 놀이는 단순한 즐거움을 떠나 존재의 뿌리였다. 무지개를 보며 꿈꾸던 동심의 시간은 고스란히 내 안에 남아 있다. 흙을 밟고 비를 맞으며 몰입하던 놀이의 감각세포들은 멀어진 기억을 다시 꺼내어 새로운 나를 만나게 한다.

 끈질기게 하루를 엮어가며 놀았던 추억이 원동력이었을까? 20대의 나는 '젊음'이라는 말 하나만으로 모든 것을 쏟아부을 수 있었다. 방아쇠를 힘껏 당겨 나가는 열정과 에너지, 도전과 실패마저 두렵지 않았다. 그 에너지의 뿌리는 어쩌면 마음껏 놀던 시절의 기억과 자유로움에서 비롯된 것이 아니었을까.
 30대의 삶은 '몫'이라는 단어에 머물렀다. 나의 역할을 다하기 위해 애썼다. 꾸준하게 일을 병행하며 살아왔다. 매 순간 감정을 추슬러야 했다. 그럴 때마다 유년기의 놀이는 기다림과 배려의 배경이 되어 주었다. 한 발 물러서고, 다시 손 내미는 법을 어릴 적 놀이에서 이미 배운 셈이다.

 40대, 50대를 지나면서 점점 '나'라는 존재가 퇴색되어 간다는 걸 느꼈다. 겉으로는 안정돼 보일지 몰라도 마음 한구석은 늘 어수선했다. 결정해야 할 일, 감당해야 할 책임과 신경 써야 할 문제들이 쌓여 갔다. 그럴 때는 어린 시절처럼 잠시 숨을 돌릴 수 있는 공간을 찾곤 했다. 동네 어귀 키 큰 플라타너스가 줄지은 길을 걸으며 내 마음은 놀이하던 아이처럼 중심을 찾아갔다.

지금, 60대 문턱에 섰다. 어릴 적 놀이는 결국 나를 지탱해 준 내면의 근육 아니었을까? 삶의 고비마다 나를 일으켜 세운 힘. 이 순간에도 새롭게 살아내게 하는 그 에너지 말이다. 익숙함을 떠나 새로움을 향해 나아가는 용기는 몸과 마음으로 마음껏 놀아본 기억에서 비롯된 것인지 모른다.

추억놀이가 준 고운 빛깔들은 서서히 옅어지기도 하며, 선명해지기도 하며 나를 감사와 기쁨으로 가득하게 채워줄 때가 있다. 그 채워짐은 놀이의 흔적과 놀이의 감성과 놀이의 친구들 그리고 시간 덕분이다.

돌아보니 놀이는 삶의 큰 힘이 되는 디딤돌이고 최고의 선물이었던 것 같다. 나이는 어느덧 고공행진을 하고 있다. 놓아버린 것들과 식어버린 열정들이 하나둘씩 높은 계단이 되어간다. 그사이 추억놀이는 하나씩 흩어지며 평탄한 평지를 만들어 주고 있다. 오름과 내림의 빈 공간에서 새롭게 나를 다시 세워 가려고 한다.

5

처음으로 '나'를 입다
(박영희)

"너 자신이 되어라. 다른 사람은 이미 있으니."

- 오스카 와일드(Oscar Wilde)

빛바랜 흑백사진 속 어린 여자아이가 카메라 앞에서 한껏 예쁜 척을 하고 있다.

다른 가족들이 검정 고무신에 소박한 옷차림을 하고 있던 그 시절, 유독 나만 돋보이는 원피스를 입고 있었다. 분명 빨간색이었으리라. 아버지가 시내에서 사 온 그 옷은 값이 만만치 않아 부모님이 다투었던 기억이 희미하게 남아 있다. 사진 속 장면은 바래어가지만, 그날 느꼈던 특별한 감정만은 지금도 선명하다.

대학 졸업 후 유치원 교사가 되었다. 동네 양장점에서 맞춘 샛노란 투피스를 입고 출근하던 날이었다. 거울 앞에 선 나를 보며 엄마는 흐뭇하게 웃으며 "우리 딸 예쁘다."라고 하였다. 여름이면 새하얀 면 블라우스에 목단꽃이 수 놓인 치마를 입었다. 내 옷차림은 점점 엄마의 취향이 배어들었다. 엄마가 좋아하는 스타일로 나를 입히고 좋아하던 모습은 곧 나의 만족이 되었다.

그 때문이었는지 지금도 내게 어울리는 옷을 스스로 고르는 일이 낯설다. 나의 옷차림은 대부분 엄마의 기준에 맞춰 있었다.

엄마의 지나친 간섭 속에서 자랐다. 그것이 사랑과 관심이었겠지만 내게는 정해진 틀 안에서 살아야 하는 답답함이었다. 옷도, 머리도, 친구들과 노는 시간까지 모두 엄마의 기준이 있었다. 그 기준은 곧 나의 일상이 되었다. 내 의지로 무언가를 하고 싶은 마음은 늘 참아야 했다.

엄마가 시키는 대로 잘 따르고 말 잘 듣는 조용한 딸. 그게 바로 내 모습이었다. 그래서였을까. 나는 남들보다 빨리 어른이 되고 싶었다. 내가 선택하고 결정하는 삶을 살고 싶었다. 수많은 '하고 싶은 일' 중 가장 먼저 떠올랐던 건, 내가 원하는 옷을 직접 골라 입는 일이었다.

직장 생활 초창기, 동료 교사의 옷차림은 내게 자극이 되었다. 그들은 유명한 의류 브랜드에서 옷을 샀다. 단정하면서도 개성 있는 옷차림은 교사의 자존심이자 자부심처럼 느껴졌다.

내가 좋아하는 옷으로 나도 내 스타일을 갖고 싶었다. 당시 월급은 약 60만 원이었다. 동료들은 절반에 가까운 돈을 들여 여성 정장을 사곤 했다. 그럴 때면 '나도 한 벌쯤은 괜찮잖아.' 하는 생각이 들었다. 마침내 큰 결심을 했다. 옷을 사자. 내가 고른 옷을 입자. 수없이 되뇌었다.

유명 의류 가게에 동료와 함께 갔다. 여러 옷을 입어보고 반응도 들으며 고른 그 옷. 아이보리색 짧은 미니스커트 정장이었다. 옆선에는 세련된 배색이 들어가 있어 단정하면서도 감각적인 느낌을 주었다. 전문직 여성 분위기를 풍겼다.

세련된 큰 쇼핑백에 담긴 옷을 들고 집으로 돌아가던 길. 세상에서 가장 행복했다. 마치 내 인생에서 처음으로 선택한 무언가를 품에 안은 것 같았다. 가슴이 벅차올랐다.

하지만 그 기쁨은 집에 도착하자마자 산산이 부서졌다. 엄마는 옷을 보자 단호하게 말했다.

"아이고, 무슨 옷이 그래."

짧은 치마와 몸에 딱 붙는 재단이 엄마 눈엔 교사로서 부적절하게 보였던 것이었다. 불편하고 교육자로서 너무 경솔해 보인다는 이유였다. 엄마는 내 손을 끌고 곧장 옷 가게로 향했다.

엄마 손에 이끌려 들어간 옷 가게. 나는 쥐구멍이라도 있으면 숨고 싶을 만큼 부끄럽고 민망했다. 엄마는 내 마음엔 관심 없이 오직 옷을 바꾸는 데에만 집중했다.

그날의 경험은 내게 깊은 상처이자 아쉬움으로 남았다. 처음으로 스스로에 대한 믿음에 금이 간 순간이었다. 내가 처음으로 나를 믿고 한 선택이었는데 결국 되돌릴 수밖에 없었다.

그 이후로 무엇을 살 때도, 어디를 갈 때도 '이게 맞는 걸까? 누가 뭐라 하진 않을까?' 하는 의심과 불안이 따라다녔다.

어떤 결정을 하기 전 엄마에게 묻고 보여 주며 확인받아야만 안심할 수 있는 사람이 되어 있었다. 생각을 미루고 판단을 남에게 맡기는 것이 더 편하게 느껴질 만큼 '익숙한 삶'에 길들어져 있었다.

그러던 어느 날, 아버지의 교통사고는 내게 가장의 무게를 안겨주었다. 엄마는 충격으로 쓰러졌다. 엄마를 대신해 보호자 서명을 해야 했다.

우리를 챙겨주는 일에 모든 것을 쏟았던 엄마는 아버지의 병간호를 하느라 3년간 병원에서 지냈다. 엄마의 빈자리를 대신해서 내가 동생들을 챙기고, 아버지가 감당하던 경제적 역할도 나누어 맡았다. 혼수상태인 아버지를 위해 한 가지 소원은 꼭 들어준다는 갓바위 부처님을 찾아가 간절히 기도했다.

엄마에게 의지하던 삶에서 동생들을 데리고 혼자 결정하고 선택해야 하는 시간이 늘어났다. 돌이켜보면 내 의지로 무언가를 선택한 순간은 생각보다 늦게 찾아왔다. 어린 시절엔 모든 것이 부모님의 결정 안에서 정해졌다. 시간이 흐를수록 그 선택의 무게는 서서히 내게로 옮겨졌다. 지금 돌아보면 그 모든 과정은 선택의 책임이라는 어른의 숙제를 하나씩 배워가는 시간이었는지 모른다.

나이 들수록 스스로 선택하고 그 결과에 책임지는 삶을 살아간다.

이제 나는 유치원 원장으로 수많은 선택과 결정을 내려야 한다. 선택은 갈등과 고민을 동반하고, 결과는 냉정하며, 책임은 무겁다. 그런데도 나는 그 무게를 감당하며 여기까지 왔다. 가끔은 모든 것을 대신 정해주던 엄마의 다정한 통제가 그리울 때도 있다. 그 안에 오로지 사랑이라는 엄마의 정성이 담겨 있었음을 알고 있다. 예전에는 힘들었던 지나친 엄마의 강요조차 오늘의 나를 세워준 힘이었음을 안다.

부모의 틀 안을 벗어나 스스로 삶을 꾸려가는 일은 어른이 되는 길이다. 타인의 시선보다 내 마음이 원하는 방향에 귀 기울인다.

이제 나는, 한 벌의 옷처럼 나답게 입은 삶을 살아간다.

6

떠나보내는 용기

(박윤주)

"잡고 있는 것을 놓을 때, 진정한 자유가 시작된다."

– 에픽테토스(Epictetos)

대학 4학년 2학기, 큰아들은 학교 추천서를 받아 취업 준비로 분주한 시기였다. 나에게 시할머니가 되고 아들에게는 증조모가 되는 어른과 함께 살았다. 직장 다니는 나를 대신해 온 정성으로 두 손자의 육아를 맡아주었다. 엄마인 나보다도 더 아이들을 사랑하였다.

아들이 면접 가는 날 아침, 시할머니는 정성껏 바느질한 팬티 한 벌을 건네셨다. "이걸 입고 가면 꼭 합격할 거야." 한 땀 한 땀 손수 만드신 그 속옷은 말로 표현 못 하는 믿음과 사랑이 담겨 있었다. 시험 치러 가는 증손자를 배웅하고 돌아와서는 곧장 방으로 들어갔다. 온 정성을 다해 합격을 염원하며 기도하였다. 할머니의 마음과 우리 가족의 염원이 전달되었는지 아들의 결과는 합격이었다.

시할머니는 세상에서 최고로 귀한 증손자가 큰일을 했다고 세상 다 얻은 것처럼 기뻐하였다.

아들은 직장에서 있었던 일을 자주 이야기 나누었다. 그때마다 맡은 일에 최선을 다하고 동료와도 사이좋게 지내는 것은 직장인의 도리라고 알려 주었다.

건강이 좋지 않아 병원에 다녀오신 날에도 아들의 옷을 세탁하고 다리미질까지 해주었다. 증손자는 기쁨과 에너지를 선물해 주는 자신 이상의 존재였다. 100세가 되던 해, 병원에 입원 치료를 받았다. 아들이 그 곁에 함께 있었다. 임종도 그렇게 아끼던 증손자가 지켜주었다. 우리는 시할머니의 정성스러운 사랑을 기억하며 떠나보내야 했다. 시할머니 덕분에 일에 전념할 수 있었다. 셋방에서 시작해 유치원 설립까지 재산을 일구었다. 여자의 삶은 다른 한 여자의 희생이 있어야 가능하다고들 했다. 나에게는 시할머니가 그런 분이었다.

아들은 좋아하는 여자 친구와 인사를 하고 싶다고 하였다. 반가운 소식이었다. 한편으로는 걱정이 앞섰다. 집으로 오면 남편과 함께 봐야 했다. 얼굴에 표정이 잘 나타나는 남편이다. 혹시라도 마음에 들지 않아 싫은 내색을 보일까 걱정되었다.

먼저 나 혼자 만남을 갖고 집으로 왔으면 좋겠다고 했다. 아들도 흔쾌히 수긍했다. 새로운 식구가 생긴다는 것은 마음 설레고 좋았지만, 좋은 관계를 유지하기 위해서 어떻게 해야 하는지 고민되었다.

약속 장소는 식당이었다. 예비 며느리는 말투와 표정, 태도에서 좋은 인상이 느껴졌다. 귀한 가정에서 곱게 자란 사람이라는 인상을 받았다. 무엇보다 아들과 서로를 편안하게 대하는 모습이 인상적이었다.

그 후, 예비 며느리는 종종 우리 집에 들르기 시작했다. 자연스럽게 우리 가족의 일상 속으로 들어왔다. 나는 그녀를 며느리로 받아들일 준비를 해나갔다.

먼저 아들을 다른 여인에게 보내야 하는 내 마음의 용기부터 마련되어야 했다. 애틋한 정도 나눠주어야 했다. 결혼 이야기가 오가고, 결혼 날짜도 정해졌다. 아들 부부가 살 집도 필요했다. 결혼 준비의 가장 큰 고민이고 준비였다. 남편과 나는 아들 내외가 살집을 어떻게 해야 할지 고민하고 있었다. 이런 마음을 알았는지 어느 날 아들이 조심스레 말했다. 자신들의 적금과 일부 대출로 아파트를 마련할 계획이라고. 우리에게는 손을 벌리지 않겠다고 하였다.

그 말을 듣는 순간 마음이 뿌듯하면서도 묘하게 허전했다. 아이가 다 컸구나, 이제는 내 도움이 없어도 자기 길을 잘 걸어갈 수 있겠구나 싶었다.

직장 생활과 결혼으로 이르는 과정까지 고민하고 애써 왔음을 생각하니 눈물이 쏟아졌다. 부모 마음이란 게 늘 그렇다. 말은 하지 않아도 조금이라도 힘을 보태고 싶은 것이다.

아들은 누구보다 성실하게 자기 인생을 가꾸어 온 아이였다. 그런데도 나는 걱정부터 했다. 밥은 잘 챙겨 먹는지, 직장 생활은 잘 견디는지,

혹시 어디 아픈 곳은 없는지. 작은 일에도 일일이 마음을 쓰고, 간섭 아닌 간섭을 했다. 시할머니가 돌아가신 후부터는 내가 아니면 안 될 것처럼 아들을 놓지 못했다.

결혼을 앞두고 또 다른 부모로 살아갈 아들이다. 그의 삶을 온전히 살아갈 수 있는 어른이 되었다.

내가 해야 할 일은 더 단단히 붙드는 것이 아니라, 믿고 보내주는 것이었다.

익숙함을 떠난다는 것도 떠나보내는 것도 두려운 일이다.

독립된 존재로 인정하고 한발 물러서는 일. 걱정이라는 이름의 끈을 조금씩 풀어주는 일. 사랑이라는 이름으로 더 멀리서 응원해 주는 일. 그때는 서툴렀다. 붙들고 놓지 못했던 그 마음을 이제는 내려놓는다.

아들은 어느새 두 아이의 아빠가 되어 중년으로 접어들고 있다.

모든 것을 다 해주고 모든 걸 함께할 수 없다. 아들이 당당하게 자기 인생을 살아가는 모습을 보며 익숙한 엄마의 자리에서 한 걸음씩 물러설 수 있게 되었다.

우리는 자식을 키우며 사랑이라는 이름으로 많은 것을 붙들고 살아간다.

누군가를 놓아야 하는 순간이 있다면 그건 끝이 아니라 새로운 시작이다. 자기 삶을 살아가도록 응원하는 것이다. 익숙함을 내려놓는 용기와 결단은 또 다른 성장을 경험하게 된다. 우리는 모두 살아가면서 배우는 중이다.

7

엄마의 작은 도전, 큰 성장

(윤보연)

"앞서가는 방법의 비밀은 시작하는 것이다."

– 마크 트웨인(Mark Twain)

경기도 사는 여동생에게 전화를 걸었지만 연결되지 않았다. 바빠서 못 받나 보다 생각하고 잊었다. 다음날 전화를 했는데도 받지 않아 그제야 걱정이 스쳤다. 지난번 통화 때 과로로 방광염을 앓고 있다는 이야기를 들었기 때문이다.

제부에게 카카오톡을 남기자 금방 답장이 왔다.

"해외여행 갔어요. 점심때 지나면 카카오톡 할 수 있을 거예요. 그때 연락해 보세요."

동생 혼자 조카 두 명 데리고 튀르키예에 갔단다.

'어떻게 엄마 혼자서 애들을 데리고 해외여행을 갈 수 있지?' 뒤통수를 한 대 세게 맞은 것 같았다. 내 사전에 남편 없이 아이들만 데리고 가는 여행은 상상도 못 할 일이었기 때문이다. 부끄럽지만 자동차 운전도 고속도로나 자동차 전용도로에서는 못한다. 시내나 동네 주변, 익숙한 길로만 다녔다. 주말에는 남편이 장거리와 낯선 곳을 운전하니 내가 굳이 할 필요가 없었다. 그런 나에게 여동생의 결정은 큰 충격이었다.

그래서 나도 떠나 볼 용기를 냈다.

첫 여행지는 서울이었다. 일단 남편에게 통보 같은 상의를 했다. 평일 여행이라 남편은 함께 할 수가 없었다. 남편은 힘들 텐데 굳이 왜 가려고 하느냐며 핀잔 섞인 걱정을 했다. 그래도 이번 겨울 방학에는 아이들과 함께 여행을 꼭 해 보고 싶었다. 그렇게 중학교 1학년과 초등 1학년 딸과 함께 세 명이 떠났다. 일단 기차표부터 예매했다. 서울에서 묵을 숙소도 알아보았다. 여행을 갈 때면 예매와 예약은 남편 몫이었다. 꼼꼼한 성격의 남편은 자신이 일을 다 해야만 편한 사람이다. 버거워하면서도 알아서 잘하니까 나는 신경 쓰지 않았다.

숙소 예매도 낯설었다. 국립 박물관, 서울 형무소, 롯데타워, 〈시간을 파는 상점〉 연극 한 편을 여행 리스트에 올렸다. 예매할 것은 미리 예매하고, 여행 장소 등을 살펴보았다.

그러다 갑자기 서울에 사는 대학교 선배 언니가 생각나서 전화했다. 선배 언니는 딸이 대학을 서울로 가면서 이사해 벌써 서울살이 6년 차이다. 가끔 대구 올 때 한 번씩 만났다.

"언니! 저 내일 서울 가요! 2박 3일 있을 건데 시간 되면 얼굴 봐요!"

"뭐? 언제 계획했어. 미리 얘기하지. 일정 조정해 볼게. 오랜만인데 만나야지!"

언니의 마음이 고마웠다. 선배 언니는 서울역으로 마중을 나온다고 했다. 2박 3일 동안 시간 내어 함께 다니기로 하였다. 지원군을 얻은 것 같았다.

짐을 최소한으로 꾸렸다. 아이들도 각자 가방을 멨다. 설렘과 긴장감을 안고 서울역에 도착했다. 서울 지리를 잘 아는 언니를 만나니 든든했다. 언니와 함께 숙소까지 간 다음, 대충 짐을 풀고 서울 형무소로 향했다. 아픈 역사를 마주하는 경험은 처음이었다. 아이들도 놀라는 눈치였다. 순국선열들에게 감사드리는 시간이었다. 광화문으로 이동해서 맛있는 저녁을 먹고 다시 호텔로 돌아왔다. 아이들은 숙소에 있고 1층 로비에서 선배 언니와 그동안의 안부를 물으며 차 한잔을 했다. 언니가 있었기에 떨렸던 내 여행의 첫날도 무사히 잘 지나갔다. 내일 만날 약속을 하고 언니와 헤어졌다.

아이들은 외투를 벗어 던지고 침대에 누워 있었다. 나는 짐을 풀고 입을 옷과 화장품, 개인용품을 차례로 정리했다.

"엄마, 온도 좀 더 올려줘."

"엄마, 여기 와이파이 비밀번호는 뭐야?"

"엄마, 난 따뜻한 우유 먹고 싶어!"

"엄마, 칫솔 어디 있어?"

"엄마, 컵밥 사줘."

아이들은 주문이 많았다. 지친 몸을 일으켜 편의점을 찾아 나섰다. 서울은 영하 15도였다. 칼바람이 불고 눈발도 날렸다. 대구에서는 느껴보지 못한 추위에 꽁꽁 얼었다. 긴장도 풀리고 피곤이 몰려왔다. 숙소 가까운 곳에는 컵밥이 없었다. 길 건너 가까운 곳에 CU 편의점이 있었다. 추위와 긴장한 탓에 에너지가 바닥났다. 사 온 물건을 아이들 앞에 꺼내 놓았다.

"엄마, 볶음김치는 없어? 아빠는 늘 같이 사 왔는데!"

김치 이야기는 없었기에 미처 그것까지 챙기지 못했다. 또 나가려니 너무 힘들었다.

"이번에는 그냥 먹자. 내일은 꼭 챙길게."

아이들의 먹거리 주문은 남편이 알아서 해결해 주었다. 그동안 남편 덕분에 신경 쓰지 않고 잘 지낸 것을 새삼스레 깨달았다. 여행 갈 때면 나도 많은 부분 신경 쓰고 함께 준비한다 생각했다. 그런데 여행 온 지 만 하루도 지나지 않아서 남편의 빈자리를 느꼈다.

그 사람이 날 길들인 것일까? 내가 익숙해져 버린 것일까?

'든 자리는 몰라도 난 자리는 안다.'라는 말이 딱 맞는 것 같았다.

전화를 걸었다.

"오빠! 당신의 빈자리를 너무 많이 느끼고 있어!"

"당신은 실내 온도 체크, 무선 인터넷 비밀번호, 주변 편의점 위치, 아이들 취향을 어떻게 잘 파악했어?"라고 말하자 남편은 '하하하' 하고 웃는다.

"당신이 이렇게 우리를 챙겨 주고 있는 줄 몰랐었어."라고 하니 남편은 이제라도 알아주니 감동받았다고 하였다.

늘 함께 있는 사람이라 당연하게 생각했다. 어떨 때는 단점이 보여 속으로 미워하기도 하고, 괜스레 시비를 걸 때도 있었다. 갑자기 미안해졌다. 엄마와 아빠의 전화 통화 내용을 듣는 아이들도 수긍하는지 미소 지었다.

다음 날 아침, 선배 언니가 딸과 함께 합류했다. 우리 여행은 한층 더 활기를 띠었다. 국립 박물관에 들어서자 압도적인 규모가 우리를 맞이했다. 한자리에서 엄청난 유물들을 볼 수 있다는 사실에 감탄이 나왔다. 점심을 먹은 뒤 우리는 롯데타워로 향했다. 각층 매장은 볼거리로 가득했다. 오후 늦게 전망대에 올라 바라본 서울의 야경은 화려했다. 대학원 다닐 때는 익숙하기만 했지 아름답다고 느끼지 못했다. 그런데 한 발짝 떨어져 내려다본 서울의 밤은 황홀했다. 학생 때보다 내 마음이 더 여유로워진 이유도 있으리라 생각했다.

그때 둘째가 이야기했다.

"엄마! 다음엔 아빠랑 같이 오자."

"맞아. 여기 분위기 아빠가 좋아할 것 같아." 첫째도 말했다.

맛있는 음식을 먹을 때면 "엄마! 아빠가 좋아하는 파스타야."라고 이야기했다. 남편의 빈자리를 아이들도 느끼고 있었다.

여행 3일 차 날이 되었다. 연극을 보기로 했다. 아이들과 대학로까지 버스로 이동했다. 평일이라 버스는 붐비지 않았다. 극장을 찾느라 한참을 헤맸는데, 선배 언니가 먼저 와있었다. 〈시간을 파는 상점〉은 시간의 소중함과 가족 간의 사랑을 느낄 수 있는 작품이었다. 이번 여행에서 남편의 빈자리를 느낀 터라 가족 간의 사랑 이야기는 더 가슴에 닿았다. 뜻깊은 연극이었다. 점심을 먹고 서울역으로 갔다.

이번 여행은 선배 언니의 도움이 컸다. 선배 언니는 복잡한 서울 거리를 운전도 잘했다.

집에 돌아가면 그동안 피했던 자동차 전용도로 운전도 해 보고 싶었다. 익숙함에서 벗어나고 있는 내가 대견했다.

선배 언니는 제주도 1년 살이를 계획하고 있었다. 나는 아이들을 데리고 놀러 가겠다고 했다. 엄마와 함께하는 두 번째 여행지는 제주도가 될 것이다.

2박 3일 서울 여행 동안 아이들은 엄마의 첫 도전에 만족한다고 했다.

조금은 낯설고 두려웠던 첫 도전이었다. 하지만 불편하거나 실수해도 괜찮다. 익숙함을 떠날 용기만 있으면 된다. 함께 지낸 시간 안에 깃든 용기와 사랑은 사람을 한 뼘씩 성장하게 한다.

8

나를 향해 걷기 시작한 날
(이희정)

"인간은 자신이 선택한 책임으로 성장한다."
- 빅터 플랭클(Viktor Frankl)

2009년 봄, 어느 저녁이었다. 그날도 남편은 출장 중이었다.

등산길에 넘어져 깁스한 시어머니의 병간호 문제를 상의하기 위해 가족들이 모였다. 어머니를 모시던 형님이 허리 디스크로 한 달 입원 치료를 받아야 했다. 그동안 시어머니를 우리 집에서 모시게 되었다. 우리 집에서 열흘도 지나지 않았다. 넓고 큰 집에서 생활하다가 좁은 막내아들 집이 답답했는지 어머니는 집으로 가겠다고 하였다. 나도 넓은 어머니 집에서 모시는 것이 낫겠다는 생각이 들었다. 시어머니 집에 함께 돌아와 있을 때였다. 마침 시아주버님이 볼일을 보고 집으로 들어오셨다. 형님도 병원에서 집에 잠깐 들른 때라 다시 상의하게 된 것이다.

그날 저녁 인생에서 지워내고 싶은 장면이 생기고 말았다. 시아주버니는 가족이 다 모여 있는 거실 한가운데에서 소리치고 있었다. 어머니 집에서 수발들겠다는 내 생각이 못마땅할 뿐만 아니라 제법 높은 목소리로 자기 생각을 또박또박 말하는 내가 불편했으리라.

"제수씨, 그게 맞다고 생각하십니까? 그래요?"라며 하던 말을 멈추더니, 팔을 들어 손가락으로 현관문을 가리키며 말했다. "그럼, 너 우리 집에서 나가!"라고. 어찌할 바를 모르던 나는 자꾸만 솟는 눈물을 감추며 쓰레기를 버리는 척 집 밖으로 나갔다. 쓰레기봉투를 든 채 아파트 재활용장에서 울다가 남편에게 전화했다. 무섭고 억울하다며 눈물, 콧물 범벅으로 한참 하소연했다.

잠시 후에 다시 들어갈 수밖에 없었다. 아이들이 그 집 안에 있었기 때문이었다.

그날 시아주버니는 나에게 절대 지워지지 않는 상처를 남겼다. 지켜만 보던 시어머니와 형님에 대한 서운함과 실망감으로 마음은 더욱 아팠다. 출장에서 돌아온 남편도 나를 감싸주지 못했기에 참으로 오랜 시간을 두려워하면서도 분노했고, 억울해하며 보냈다.

시아주버니는 홀어머니의 장남으로 전형적인 경상도 집안의 가부장적인 분이었다. 결혼할 당시 나를 따로 불러 당신 가족에 대한 의미를 말해주며 일찍 혼자 되신 어머니를 잘 부탁한다는 당부도 했다. 그때는 그것의 진짜 의미를 미처 알지 못했다. 남편의 가족사와 애틋한 가족 사랑이 좋았다.

결혼 후 우리 가정은 시댁과 항상 함께였다. 주말마다 대가족이 함께 보내게 되었다. 매일 아침저녁으로 어머니에게 문안 전화하는 것이 내게 스트레스가 되어갔다. 점점 숨 쉴 틈 없는 상황이 결혼 생활을 옥죄었다. 나는 결혼 전까지 자유롭게 살았고 자신의 의견을 이야기하고 토론하는 것이 자연스러운 사람이었다. 그런 나를 시아주버니는 마뜩잖아 했다. 다른 의견을 내면 눈살을 찌푸리거나 불쾌해했다. 시아주버니께 감정적으로 맞서지 말라는 어머니, 분란을 일으키지 말라는 남편, 나는 막내며느리로 아무것도 할 수 없는 무력한 존재가 되어갔다.

착한 며느리로 인정받고 싶었다. 억울한 상황이 생겨도 참을 줄 알았다. 그러나 모든 일은 시댁이 기준이었다. 생활의 우선순위는 그들에 의해 결정지어졌다. 그날 이후 가족 행사든, 명절이든 시아주버니를 보는 것이 두렵고 불편했다. 볼 때마다 가슴이 두근거리고 어디론가 숨고 싶었다. 그때부터였다. 어딘가 아프기 시작했다. 마음이 먼저인지, 몸의 어디인지 모르겠지만 모든 기능이 제대로 작동되지 않았다. 아니라고 하고 싶었고 '못 하겠습니다.'라고 말하고 싶었지만, 용기도 없었다. 버티다 힘들어지면 스스로와 남편만 괴롭혔을 뿐이었다. 우울과 분노만 쌓여 가기 시작했다. 문제는 아이들이었다. 나의 스트레스와 우울을 고스란히 받아내면서 우리 가정에도 경고음이 울리기 시작했다. 나는 집 밖을 나가지 않으려 했다. 사람을 피하기 시작했고, 대신 분노와 짜증을 아이들에게 쏟아내면서 집안 분위기는 점점 최악으로 치달았다.

그 무렵 운명처럼 S 심리상담연구소를 만났다.
연구소의 J 소장님, 함께 마음공부 하자고 손잡아준 Y 친구가 기적처럼 나타났다. 그들이 나의 삶을 새롭게 일깨워 주었다. 그것이 전환점이 되었다. 동아줄처럼 내려온 마음공부를 필사적으로 움켜쥐었다. 수년간 오롯이 나 자신에게만 집중했다.

현실을 직면할 자신감이 생겨났다. 새로운 결심을 했다. 더는 가족이라는 이름으로 포장된 부당한 대우를 참지 않겠다는 다짐이었다. 상처가 된 그날의 장면이 다시 일어난다면 나가겠노라 마음 근육을 단단히 했다. 더는 참아야 한다거나 가족이니 이해하라는 말은 통하지 않을 것이라고 굳게 결심했다. 제일 먼저 가족들에게도 그 결심을 알렸다. 또다시 그런 일이 생긴다면 나는 당당히 나가겠노라고, 가족이니 더 참아야 한다거나 이해하라는 말은 해서는 안 된다고 굳은 마음을 전했다. 그렇게 십수 년, 그 결심은 다져지고 다듬어져 갔다. 나의 아이들은 지지해주었지만, 남편은 전쟁을 피하고 싶어 했다. 모든 게 조용히 지나가길 바라는 "갈등을 회피하는 평화주의자"였다. 효자, 애처가, 친구 같은 아빠를 자처하며 절대 어떠한 전쟁에도 참여하지 않으려 했다.

2024년 새해 첫날 아침. 15년 지나 다시 듣는 말.
"제수씨 탓입니다!"

노기 서린 탁한 음성이 검붉어진 얼굴과 함께 큰소리로 터져 나왔다. 어머니 방에는 네 사람이 엉거주춤 서 있거나 반쯤 앉아 있었다. 그 순간 모든 시간이 멈춘 듯 수 초간 정적이 흘렀다.

　"이게 다 제수씨 잘못입니다." 그 소리의 둔탁한 끝은 심장을 깊숙이 파고들었다. 나는 울음이 터져 나올 것 같았지만 삼켜 냈다. 대신 오랜 시간 준비한 결심을 가슴 밑바닥에서 꺼내며 어머니 방을 나왔다.

　곧 거실 한가운데로 시어머니, 나의 두 아이와 조카들, 손위의 형님과 시아주버니 그리고 남편까지 모두 한자리에 모여들었다. 변한 것이 없었다. 똑같은 장면이 되풀이되고 있었다. 왜 내 잘못인지 모르겠다는 억울함을 울부짖듯 다시 한번 더 토해냈다.

　하지만 머릿속에는 선명하게 '나가자, 나가자, 이제 나가야 한다.'라는 주문이 맴돌았다. 오랜 시간 준비한 탓이었던가, 나의 깊은 곳에서부터 서서히 볼륨이 커지면서 저절로 소리가 밀려 나왔다. 할 수 없을지 모른다고 생각했었다. 이런 날이 오지 않기를 바랐던 행복한 순간도 있었다. 그동안 수많은 장면을 상상해 왔지만, 2024년 1월 1일 아침에 그 결심을 실행하게 될 줄은 한 번도 상상하지 못했다. 시나리오와는 다르게 큰소리도 나고 울부짖으며 후다닥 뛰쳐나오게 되었지만, 나는 결국 해냈다. 마침내 족쇄를 벗어던지고 온전한 자신으로 세상에 설 수 있게 되었다.

　거실에 모인 가족을 뒤로한 채 홀로 집을 나왔다.

　무작정 나온 처음에는 후련함과 해방감을 느꼈다. 그러나 이내 슬픔과 억울함으로 며칠을 울었다. 앞으로 일어날 일이 두렵고 생겨날 후폭풍이 무서워 전전긍긍하기도 했다. 상황만 다를 뿐 똑같은 일이 같은 사람들에 의해 일어났다는 것도 절망스러웠다. 결혼 후 25년간 쏟은 진심과 노력이 아무것도 아닌 것처럼 되어버려 억울했다. 더구나 2009년에는 남편이 없었지만, 2024년 그날은 남편마저 침묵한 현실이 더욱 나를 무너지게 했다.

한때 구덩이에서 나오면 더 무서운 세상이 기다리고 있다고 믿었다. 구덩이 위만 쳐다보던 내가 사다리를 딛고 밖으로 나왔다. 지금은 그 구덩이를 자유자재로 드나드는 힘도 생겼다.

그동안 나는 자신이 얼마나 소중한 사람인지 잊고 살아가고 있었다. 모든 사람에게 다 인정받지 않아도 괜찮다는 것을 깨닫는 데 오랜 시간이 걸렸다.

나는 이제 안다. 모든 사람에게 인정받지 않아도 괜찮다는 것을. 결혼도, 가족도, 삶도 결국 자신을 지키는 길 위에서 다시 시작할 수 있다는 것을. 깊은 구덩이를 빠져나온 이제 누군가에게 사다리를 건네줄 수 있는 사람이 되었다. 그리고 그 길의 끝이 어디든, 나는 자신을 잃지 않고 걸어갈 것이다.

9

내 가슴에 들어온 사람
(전향연)

"사랑은 서로를 바라보는 것이 아니라,
같은 방향을 바라보는 것이다."

- 생텍쥐페리(A.de Saint-Exupery)

어느 봄날 친구가 전화했다. Y 대학교 문과대 R.O.T.C 야유회에 일일 파트너로 가지 않겠느냐는 것이었다. 목적지는 부산 범어사였다. 1980년대 초, 기차와 버스를 갈아타야 하는 먼 길이었지만 기쁜 마음으로 동행했다.

일일 파트너와 처음 마주했을 때 당황했다. 기대했던 것과 다르게 키가 나와 비슷했다. 하루 파트너로 예의만 지키면 되겠다는 생각이 들었다. 남자를 만날 때 '키가 큰가, 크지 않은가'는 중요한 기준이었다. 키가 크고 단정하게 잘생긴 사람, 거기에 분위기까지 있으면 더할 나위 없다고 생각했다. 기차 안에는 사람이 많았다. 여럿이 모여 게임도 하며 여행을 즐기는 팀도 있었고 나처럼 처음 만난 사이라 서먹한 사람도 보였다. 창밖 풍경을 보다가 들려오는 웃음소리에 고개를 돌리곤 했다. 삼삼오오 어울려 장난치고 게임하며 즐거워하는 모습이었다.

범어사에 도착하니 울창한 숲과 대웅전을 보는 것만으로도 마음이 평온해졌다. 경내를 둘러본 뒤 우리는 스무 명 남짓 앉을 수 있는 곳에 자리를 잡았다. 기타 치며 노래를 불렀다. 장기자랑도 하며 재미있는 시간을 보냈다.

그런데 내 시선이 어느 한 사람에게 자꾸만 멈췄다. 자연스럽게 팀을 이끌던 그 남자의 말 한마디와 몸짓 하나까지 자신감이 넘쳤다. 그는 내 마음을 사로잡았다. 딱 내가 좋아하는 스타일이었다. 저 사람과 함께 있으면 재미있을 것 같다는 생각이 스쳤다. 기회가 된다면 다시 만나보고 싶었다.

하루 일정이 끝나고 사람들은 하나둘 짐을 챙겨 돌아갈 채비를 했다. 범어사를 떠나는 길, 그를 향한 마음을 안고 집으로 돌아왔다.

간절히 원하면 이루어진다는 누군가의 말이 떠올랐다. 며칠 후, 그에게서 연락이 왔다.

야유회 때 촬영한 사진을 전해주고 싶다는 전화였다. 그 순간부터 심장이 요동치기 시작했다. 그의 마음을 얻으려면 어떻게 해야 할까? 곰곰이 생각하며 옷장에서 몇 벌의 옷을 꺼내 입어보았다. 그와 만나는 상상을 했다. 거울 앞에서 인사말을 연습해 보고 웃어보기도 했다. 신나고 즐거웠다. "죄송합니다. 만나는 사람이 있습니다."라는 상상을 하며 우울해하기도 했다.

먼저 도착해 있던 그는 반갑게 맞아 주었다. 사진을 건네며 말했다.

"사진이 정말 예쁘게 나왔네요. 혹시… 친구를 소개해 줄 수 있을까요?" 잠깐 머뭇거리다가 물었다.

"그날 파트너가 있지 않았어요?" 나의 질문에 그는 함께 간 파트너는 친구라 하였다.

며칠 뒤 친구를 데리고 나가겠다고 말은 했지만 혼자 나가야겠다고 속으로 다짐했다.

'나도 애인이 없는데 굳이 친구를 데리고 가야 해? 내가 나가야지.'

부끄러움이 많은 내가 어디서 그런 용기가 났는지 지금 생각해도 얼굴이 붉어진다.

약속한 날, 혼자 나간 나에게 그는 친구가 언제 오는지 물었다.

"친구요? 친구는 안 오는데요. 데리고 올 친구가 없었어요. 그래서 내가 대신 나왔어요. 나도 괜찮은 여자인데 나 어때요? 저랑 사귀어 보지 않으실래요?" 조심스러우면서도 담담한 고백을 했다. 그는 당황한 얼굴로 나를 쳐다보며 어색하게 웃었다.

"친구를 소개한다고 해서 나왔는데, 자기를 소개하니 참 당황스럽네요."

생각할 시간이 필요하다며 일주일 후, 여기서 다시 만나자고 하였다.

복잡한 감정 속에서도 어쩐지 후련했다. 결과보다도 내 마음을 꺼내어 전했다는 사실이 더 소중하게 느껴졌다.

그 시절은 남자가 여자에게 먼저 사귀자고 하는 것이 일반적이었다. 여자가 먼저 남자에게 사귀자고 한다는 건 상상조차 할 수 없는 일이었다. 사회적인 익숙한 분위기를 벗어나 용기를 낸 고백이었다.

일주일의 시간은 너무나 길었다.

예스일까, 노일까. 이 생각 저 생각으로 시간을 보냈다.

'계속 만난다면 인연이고, 아니라면 스치는 인연일 뿐이야. 운명에 맡기자.' 그렇게 생각하며 두렵고 떨리는 마음으로 약속 장소로 나갔다.

감상실에서 흘러나오는 잔잔한 음악이 내 마음을 차분하게 했다. 그는 조용히 말했다.

"친구의 파트너로 만났기 때문에 참으로 어려운 결정이었습니다."

일일 파트너였던 자기 친구의 마음을 먼저 들여다보아야 했다고 하였다. 그 친구가 나를 어떻게 생각하는지, 어떤 감정을 품고 있는지 알아야만 했단다. 그 순간, 그가 얼마나 신중하고 의리 있는 사람인지 느낄 수 있었다. 그 마음이 참 고마웠고 더 깊이 끌렸다.

그날 이후 우리는 믿음이라는 단단한 바탕 위에 서로를 알아가며 시간을 보냈다.

지금 돌아보면, 남자가 먼저 프러포즈한다는 익숙한 사회 분위기에 안주했다면 나는 원하는 것을 얻지 못했을 것이다. 무언가를 진심으로

원한다면 마음속에만 담아두어선 안 된다. 표현해야 한다. 기회는 기다리는 것이 아니라 만들어가는 것이다. 내가 꺼낸 한마디는 그 사람을 내 인생으로 초대하는 문이 되었다. 누구에게도 쉽게 털어놓지 못했던 감정, 나만 알고 있던 소망, 마음속에 품고만 있던 새로운 도전. 그 모든 것은 '익숙함'이라는 이름 아래 조용히 숨겨져 있다.

우리는 종종 편안한 일상에 안주하며 마음을 전하는 일도, 움직이는 일도 미룬다.

그러나 진짜 변화는 익숙함을 벗어나는 작은 용기에서 시작된다.

10

이대로 괜찮은 걸까
(조정옥)

"우리가 두려워해야 할 유일한 것은 두려움 그 자체이다."
- 프랭클린 D. 루스벨트(Franklin Delano Roosevelt)

아침에 눈을 뜨고 정해진 시간에 일어난다. 직장에 간다. 같은 사람들과 마주하며 하루를 채운다. 일상이 반복되고 겉으로 보기엔 문제없어 보인다. 하지만 그 속에 내 삶은 조금씩 잠기고 있었다.

하루를 반복하는 삶은 익숙하고 편안하다. 그러나 마음 한구석에는 공허함이 밀려왔다. 새롭게 바뀌려고 하는 것도 생각에 그쳤다.

슈타이너 심리상담연구소에서 알게 된 B 선배가 공저 쓰기를 함께 하자고 연락했다.

"내가 무슨 글을 써요. 일기도 제대로 쓰지 않는데…."

"K 선배가 코치예요. 나도 그 선배 믿고 글 쓸 용기를 내었어요."

K 선배는 작가다. 책도 여러 권 출간하고 매사에 적극적인 사람이다. B 선배의 권유는 나에게 기회가 찾아온 것이라 생각이 들었다. 그렇게 공저 쓰기에 참여했다. 글쓰기를 하기로 마음먹었으나 쉽지 않았다. 후회되었다. 글이 술술 써지지도 않았고 머릿속은 복잡하였다.

책상 앞에 앉아 몇 시간을 멍하니 앉아 있기만 한 적도 있었다. '글을 쓸 만한 인생이었나?' 마음 한구석이 작아졌다.

글쓰기를 어디서부터 시작해야 할지 캄캄하였다. 어느 날 친구 S가 "네 이야기 한번 써봐."라고 말했다. 그래, 내 이야기를 한 번쯤 꺼내도 되지 않을까? 더 늦기 전에 나만의 이야기를 쓰고 싶었다. 익숙한 생활 뒤에 숨은 게으름과 두려움, 반복된 무기력에서 벗어나고 싶었다.

글 쓰는 동안 내 안의 불편함이 고스란히 드러났다. 그 불편함이 결국 변화의 출발점이라는 것도 알게 되었다. 기록은 기억이고 기억은 나의 변화다. 익숙한 일상에 흘려보낸 시간을 이제는 붙잡고 싶었다. 누구에게도 말하지 못했던 시간. 애써 잊고 살아온 감정들이 떠오르기 시작했다.

가족과 직장에서의 책임과 의무 속에 나는 늘 뒷전이었다. 특히 시아버지를 모시며 살았던 시간 속에서 나의 삶이 사라졌다.

시아버지는 알코올 중독자였다. 술을 끊지 못하고, 아파트 화단에 술병을 숨겨 놓고 조금씩 드셨다. 나는 그것을 찾아 드러내 보이며 화를 냈다. 지금 생각하면 왜 그토록 몰아세웠을까 후회스럽다. 내가 해야 할 며느리로 책임감만 앞섰다. 정작 상처 입은 한 존재로서 시아버지를 바라보는 마음은 부족했다.

　시아버지는 원래 온화하고 부지런한 분이었다. 시어머니가 돌아가신 후부터 삶의 중심을 잃고 흔들렸다. 당신 삶의 버팀목이던 아내를 떠나보낸 뒤, 외로움과 그리움을 술로 달랬던 게 아닐까. 그 감정을 제대로 표현할 길이 없었던 분. 자녀에게조차 속마음을 꺼내지 못했던 분. 가까이 있었지만 참 멀게만 느껴졌던 시아버지였다.

　나는 그 사이에서 복잡한 마음을 감췄다. '며느리니까 당연히 해야 한다.'라는 생각으로 하루하루를 보냈다. 마음속 깊은 곳에서는 자유로워지고 싶었다. 내 삶을 살고 싶었다. 그러나 어디에서도 그런 감정을 말할 수 없었다.

　시어머니가 그리웠다. 살아생전 시어머니는 아들을 못 낳아 구박받으며 살았다. 열아홉 살에 시집와 그분의 시어머니 수발을 다 들고 시아버지 불호령에 꼼짝 못 하고 밭일까지 도맡아 했다. 사랑방에 모인 동네 분들의 시중까지 들어 주고 효부 노릇 다했다. 그 한을 풀어내지 못하고 예순두 살에 세상과 이별하였다. 딸만 내리 넷 낳고 아들을 출산했다. 그 아들이 남편이다.

　그 아래 작은아들과 딸 한 명 더 낳아 7남매였다. 시어머니의 삶은 고생만 가득했고, 자식들과 시아버지께는 그리움만 남긴 채 세상을 떠났다. 그분의 인생을 곱씹을수록 나 자신을 돌아보게 되었다.

　시아버지와 아파트 생활이 시작되면서 그 무게는 버거웠다. 하루 세

끼를 꼬박 챙기고, 외출도 마음대로 할 수 없었다. 아무런 마음의 준비 없이 어른을 모신다는 것은 심적으로 부담이 컸다. 어디를 가든 시아버지와 우리 가족은 같이 다녀야 했다. 바다에 놀러 갈 때나 시동생 집에 갈 때도 함께였다.

가족이라는 이름 아래 점점 지쳐갔다.

어느 날, 시아버지의 세수를 도와드리다가 한쪽 팔이 제대로 움직이지 않는 것을 발견했다. 남편에게 119구급차를 부르라 했다. 뇌졸중이라는 진단을 받았다. 그날 이후, 병원과 재활센터를 전전하며 11개월의 시간을 보냈다. 매일 음식 싸서 병실로 향했다. 그 무심한 일상이 사랑이었다는 것을 시아버지가 떠난 후에야 깨달았다. 무엇보다 정을 제대로 나누지 못한 미안함이 후회되어 남아 있다.

그 시간은 내게 두 가지를 남겼다. 하나는 아쉬움, 또 하나는 감사다. 더 따뜻하게 대해드리지 못한 아쉬움과 함께한 시간이 나를 성장시켰다는 감사함이다.

삶은 조금씩 나를 바꾸고 있었다.

글을 쓰며 과거의 기억을 하나씩 꺼내고, 그 안에 묻혀 있던 나를 마주하게 되었다. 평온해 보여도 마음 깊은 곳에서 묻고 있었다. "이대로 괜찮은 걸까?" 그 질문은 나를 여기까지 이끌었다. 글을 쓰며 나를 찾아가고 있다. 그 길 위에서 나답게 살아가고 싶다. 고단한 시간 속에서도 나를 잊지 않는 일이 가장 큰 용기다.

질문으로 건너는 시간 1

#용기
익숙함을 떠난 적이 있었던가요?

우리는 변화보다 익숙함에 머무르는 쪽을 더 쉽게 선택합니다. 알고 있는 세계가 주는 안정감은 때때로 성장을 더디게 만듭니다. 하지만 인생의 전환은 늘, 불편함을 감수하고 나아갔던 그 한 걸음에서 시작되곤 했습니다.

당신도 언젠가 익숙함을 떠났던 적이 있었을 겁니다.
그때의 자신을 다시 꺼내 보는 것, 그것만으로도 용기를 기억할 수 있습니다.

김혜련　두려움 속에서도 나를 성장시키는 힘은 익숙한 자리를 떠나는 용기였습니다. 그때의 작은 발걸음이 지금의 나를 만들었습니다.

박경애　익숙한 자리를 벗어나야만 새로운 길이 열렸습니다. 그 길 위에서 나는 두려움보다 가능성을 더 크게 배웠습니다.

박계자   새로움은 두려움을 안고 오지만, 그 안에 나를 키우는 힘이 있습니다. 익숙함을 떠난 순간마다 나는 한 뼘 더 자라났습니다.

박명애   익숙한 자리를 떠난다는 건 두려움 속에서도 나를 새롭게 발견하는 시작이었습니다. 그 한 걸음이 결국 내 삶을 더 넓고 깊게 만들어 주었습니다.

박영희   머뭇거림 속에서도 내디딘 첫걸음이 결국 나를 다른 세상으로 이끌었습니다. 그 용기가 없었다면 지금의 나는 없었을 것입니다.

박윤주   변화는 두려움을 안겨주었지만, 결국 내 삶의 새로운 길을 열어 주었습니다. 그 순간마다 나는 조금 더 용기 있는 내가 되었습니다.

윤보연   도전은 늘 두려움과 함께 찾아왔지만, 그 안에서 나를 단단하게 했습니다. 익숙함을 넘어선 순간, 새로운 나의 길이 열렸습니다.

이희정   새출발은 늘 낯설고 두려웠지만, 그 안에 성장의 씨앗이 숨어 있었습니다. 익숙함을 떠난 순간마다 나는 한 걸음 더 나아갈 수 있었습니다.

전향연　모험은 낯설고 불안했지만, 그 안에서 나 자신을 새롭게 만났습니다. 익숙함을 넘어선 순간마다 인생은 새로운 색으로 채워졌습니다.

조정옥　작은 첫걸음이었지만 그 한 발자국이 내 삶을 크게 바꾸었습니다. 용기는 거창한 것이 아니라 멈추지 않는 발걸음이었습니다.

2장

관계 속
자라나는 마음

사람 사이에 건네는 따뜻한 눈빛 하나가

마음을 키우고 삶을 단단하게 만든다.

관계는 나를 비추는 거울, 그 속에서 우리는 더 큰 나로 자란다.

1

인생의 쉼표 하나

(김혜련)

"멈추어 서는 법을 모르는 자는 달려갈 길도 모른다."

– 괴테(Johann Wolfgang von Goethe)

1월 첫 주말. 매일 새벽 6시 줌(Zoom)에서 만난 '몸공' 회원들을 대면으로 만난다. 몸공은 "몸의 중심을 잡으면 마음의 중심도 잡는다."라는 믿음으로 시작된 모임이다. 40대부터 70대 여성들이 하루 2회 30분씩 운동하며 건강을 지켜낸다.

월요일은 걷기, 화·토요일은 폼롤러, 수요일은 댄스, 목요일은 유·무 산소 운동, 금요일은 도구 활용, 일요일은 개인 운동이다. 짐볼, 덤벨, 요가 밴드, 스파인 코렉터 등 다양한 도구를 사용한다.

몸공 리더 소장은 "혼자보다 함께 해야 오래 한다."라는 믿음으로 아침 6시와 저녁 9시, 하루 두 번 줌을 연다. 그렇게 무료로 하루 2회 시간을 나누어준 지 어느덧 천 일이 훌쩍 넘었다.

회원 수는 육십여 명. 그중 이십여 명이 매일 아침저녁으로 꾸준히 참여한다. 숨쉬기 운동만 하는 나로서는 이 시간이 감사하다.

회원들은 이름 아닌 애칭으로 불린다. 러브 앤 조이 소장님, 대구팀은 온올, 향기 폴폴, 하하호호 님과 나의 애칭 바람이려오까지 네 명이다. 대전팀 보랏빛 향기, 서울팀 안개꽃과 뷰티플 님 두 명, 울산팀 열정 님, 광주팀 참솔과 드리미 님 두 명 모두 열한 명 참가했다. 줌으로 매일 보아서인지 낯설지 않다. 추위도 아랑곳하지 않고 애칭과 얼굴을 확인하며 서로 안부를 물었다.

1년에 2회 대면으로 만난다. 함께 땀 흘리며 이어온 관계다. 이번엔 서울 조계사 템플스테이에서 몸과 마음을 더 깊이 돌보는 시간을 갖기로 했다. 바쁜 일상에서 벗어나 마음의 쉼표를 가지는 특별한 시간을 기대했다.

조계사는 서울 한복판에 있지만 도심 속 쉼터처럼 조용하고 경건했다. 일 층에서 접수 후 방을 배정받고 보살님이 주는 조끼와 바지를 입었다. 프로그램실에서 템플스테이 일정에 대한 오리엔테이션이 있었다. 우리 팀 외에 세 팀의 참가자가 함께 참석했다. 청일점 남자와 30대 여자 두 팀이었다.

각각의 책상에 준비된 연꽃 만들기를 했다. 사찰에서 연꽃 만들기는 단순한 공예 활동이 아니라 불교의 상징성과 수행의 의미를 담은 체험이었다. 다음 일정은 템플스테이 국장 선해 스님과 차를 마시며 한용운의 시를 함께 나누었다. 몇몇 참가자의 참여 동기도 들었다.

청일점 남자는 새해인 만큼 한 해를 계획하는 시간을 갖고자 혼자 참여하였다는 말에 큰 박수를 받았다. 다른 두 팀은 프로그램 참여와 서울 여행이 목적이었다. 사는 곳, 나이, 하는 일이 다르지만 줌에서 만난 사람들이 대면으로 만나는 우리 팀에 스님은 관심이 많았다.

스님의 말씀과 싱잉 볼 소리 체험, 명상, 모두에게 선물로 준 염주 팔찌. 자원봉사 보살님들의 친절한 경내 안내까지 감사했다.

대웅전 예불 시간에 참석했다. 템플스테이 참가자라는 종이가 올려진 커다란 방석에 앉았다. 어색했지만 불교 문화를 체험한다는 생각으로 따라 해 보았다. 법당 가득 울리는 맑은 목탁 소리가 낯설면서도 경건했다.

시간표에 따라 관음관 삼 층 프로그램실에서 108배를 하였다. 스크린에 108배 참여 숫자와 좋은 경구가 표시된 글을 따라 읽으며 절을 하였다. 우리 일행 중 세 사람만 108배를 끝까지 완수했다. 예전에 삼천 배를 하였다는 온올 님이 대단해 보였다.

소장님 방에 모여서는 2024년을 돌아보며 2025년에 관한 이야기를 나누었다. 나이 들어간다는 것과 체력이 달라지는 것을 인정하며 몸공을 계속하겠다는 다짐이었다. 각자의 고단함 속에서도 놓지 않았던 건강에 대한 의지는 함께여서 가능했다는 속 깊은 진심이 오갔다.

둘째 날 아침, 알람 소리에 맞춰 새벽 4시에 일어났다. 세수하고 찬 공기 마시며 대웅전 예불을 드리러 갔다. 선해 스님도 참석하였다. 30분

정도 예불하고 대웅전 앞마당에 동그랗게 섰다.

구름 사이로 보인 초승달을 바라보며 스님이 건넨 말이 마음에 닿았다. "마음에 구름이 낀 날도 있지요. 그래도 그 뒤엔 언제나 달이 빛나고 있습니다."

스님의 목소리는 낮고 부드러웠다. 단정하고 꼿꼿한 모습에서 삶의 흐름을 읽을 수 있었다. 자신을 단단하게 다져온 지혜가 엿보였다.

말하면서 팔을 움직일 때마다 스님의 장삼은 마치 새의 날개처럼 움직였다. 길고 가벼운 자락이 유연하게 흘렀다. 내 시선은 그 자락을 따라갔다. 어쩌면 삶 속에서 유연함이란 이런 모습 아닐까? 딱딱하게 고정되지 않고 부드럽게 흘러가는 것. 주변의 바람과 환경에 맞춰 자연스럽게 움직이는 것. 무언으로 보여 준 가르침이었다.

새벽 찬 공기를 마신 후에는 따뜻한 방이 감사할 거라는 스님 말이 맞았다. 요를 밀치고 바닥에 몸을 뉘었다. 아침을 거르고 피곤함을 녹였다. "눈이 내려요." 하하호호 님의 외치는 소리에 창밖을 보았다. 아빠와 아들이 눈덩이를 굴려 눈사람을 만들고 있었다. 보살님들은 눈길을 쓸고 있었다.

눈이 내린 조계사 경내는 아름답고 고요했다.

숙소 정리 후 소감문을 제출하고 퇴실 준비를 했다. 눈 내리는 인사동 거리를 회원들과 함께 걸었다. 카페에 들러 차와 조각 케이크를 먹었다. 다음 대면 모임을 기약하고 줌에서 다시 만나자며 헤어졌다.

템플스테이는 단순한 여행이 아니었다. 몸을 움직이며 마음을 지켜온 '몸공'의 연장선이었다.

 이번엔 '쉼'을 통해 마음을 더 깊이 들여다보았다.

 사람과 사람 사이를 잇는 마음의 풍경 속에는 늘 건강한 흐름이 있었다. 몸을 보살피고 마음을 나누는 따뜻한 연결이야말로 우리가 함께 가야 할 건강한 길이다.

2

책으로 연결된 우리

(박경애)

"책은 마음의 창이다."

- 작가 미상

책을 좋아하지 않았다. 살아온 경험만으로도 삶을 충분히 설명할 수 있다고 믿었다. 굳이 책에서 누군가의 생각을 빌릴 필요가 있을까 싶었다.

그래서였을까. 사람들에게 건넨 말은 때때로 충고였고, 판단이 되기도 했다. 내 말 한마디가 누군가의 마음에 상처가 될 수 있다는 걸 미처 알지 못했다. 책과 멀어진 삶은 결국 내 말과 마음에도 벽을 세웠다.

어느 날, 지인 K가 동대구역 부근에서 아침 7시 독서 모임이 매주 토요일에 있다고 말했다. 함께 가자고 하였다.

새벽에 일어날 자신이 없었다. 거리도 자가용으로 40분 걸린다. 그렇게 몇 년을 미루다가 2021년도부터 참석했다. 코로나로 인해 줌(Zoom)

이었기에 가능한 일이었다.

　화면 너머 서른 명이 넘는 사람이 보였다. 열정이 넘치는 꿈벗나비 독서 모임이었다. 모임의 이름처럼 그 속에서 나는 부화하려고 하는 작은 알이었다. 조용하고 미약했지만, 이 모임을 통해 생각이 자라고 언젠가 껍데기를 깨고 세상에 나설 수 있을 것만 같았다.

　독서에 재미가 들어갈 즈음 2022년 10월, 꿈벗나비 대표의 개인 사정으로 모임이 중단되었다. 『역행자』 책이 마지막 선정 도서였고 독서 모임은 해체되었다. 아쉬운 마음이 컸다. 회원 중 일부는 "11월 독서 모임은 우리끼리 해 보자."라며 희망자를 모집했다. 열한 명이 모였다.
　단체명을 '역행단'으로 다시 시작하였다. 새로운 리더가 된 B는 중도 포기하지 않게 1년 규칙을 만들었다. 1년 회비로 십만 원을 받았다. 1년 동안 책을 다 읽으면 상금으로 돈을 돌려주기로 했다. 읽지 않으면 그 돈은 벌금이 되어 회비로 쓴다고 하였다.
　1년 지난 후 참가자 모두 상금을 받았다. 매일 책 읽는 습관이 자연스레 자리 잡았다. 책을 읽어야 한다는 사실은 알고 있지만, 꾸준히 실천하기는 쉽지 않다. 놀랍지만 함께한 힘이었다. 2023년부터는 매월 1회 대면으로 만났다. 책도 읽고 사람도 만나며 역행단 덕분에 성장하고 있다.

　역행단 B 리더는 회원에게 읽고 싶은 책을 추천받는다. 단체 카카오톡을 활용하여 투표로 열두 권의 책을 선정한다. 매월 정한 책을 3주 혹은 4주로 나눈다. 매일 읽을 페이지와 메모장을 다이어리로 만들어 매월 1일이면 단체 카카오톡에 올려준다. 그뿐만 아니라 그날 읽을 페이지와 메시지를 적은 예쁜 엽서가 카카오톡에 올라온다. 책을 안 읽을 수가 없다. 회원들은 바쁜 시간 틈을 내어 읽고, 내용 중 중요 부분을 적어서 인증사진으로 올린다. 내용을 보면서 '맞아, 저 내용이 나도 좋았는데, 아니 저런 문장도 있었나?'라고 공감한다. 흘려보냈던 책 내용을 제대로 마주할 수 있다.

대면 모임은 장소가 매월 바뀐다. 스타벅스나 유치원에서 만난다. 회원 중에는 유치원 원장이 다섯 명이다. 매달 선정된 한 권의 책을 읽은 후, 마지막 주 토요일 아침 7시에 독서 모임이 열린다.

진행 순서는 첫째, 책을 읽은 소감을 돌아가며 나눈다. 둘째, 본 것, 깨달은 것, 적용할 것을 발표한다. 마지막으로 책 속, 한 줄 문장을 말한다. B 리더가 회원의 한 줄 문장을 적어 카톡에 공유한다. 같은 마음으로 읽은 한 줄 문장이 중복될 때도 있다. 사람이 느끼는 것은 비슷하기도 똑같기도 하다.

한 사람씩 한 부분 내용을 풀어 놓으면 한 권의 책이 정리된다. 집으로 돌아오는 길은 세상을 다 얻은 것 같다. 자기계발 책을 읽으면, 단순한 정보 습득을 넘어 삶의 태도와 방향을 바꾸는 데 도움을 얻을 수 있다는 장점이 있다.

꿈벗나비에 참여한 것이 역행단으로 연결되었다. 독서 모임이 없었다면 책을 읽지 않았을 것이다. 책을 읽었기에 지금 글을 쓸 수 있는 역량이 밑받침되었다. 인풋이 없으면 아웃풋도 없다. 내용 중 와닿는 부분을 밑줄 긋는다. 실천해 보면서 조금씩 변화가 온다. 여유를 찾고 책의 소중함을 알게 되었다.

  회원이 조금씩 늘어 이제 스무 명이다. 나이 상관없이 배우려고 노력한다. 한 분은 80세다. 항상 손에는 간식으로 떡을 한 박스 들고 빠짐없이 참석한다. 책 읽은 내용을 차분하고 조곤조곤 함께 나눈다. 80세가 되어도 책을 놓지 않고 노력해야겠다는 생각은 그분 덕분이다.
  60대 후반의 나이에도 열정을 가진 수녀님은 유치원 원장이다. 책 내용 핵심 정리를 적확하게 해준다. 그리고 역행단에서 나눔한 책을 학부모 교사 교육에 활용한다고 하였다.
  스피치 강사인 L 회원은 유일한 남자다. 책의 전체 흐름을 꿰뚫고 분석한 내용을 발표한다. A4 용지에 작은 글씨로 빼곡히 정리해 온 자료를 보면, 그의 성실함과 준비된 자세가 느껴진다.
  책 속에서만 배우는 것이 아니라 함께 하는 사람 속에서 많은 것을 배운다.

  우리를 이끌어 주는 B 리더를 존경한다. S 구청 공무원으로, 초·중등 자녀 두 명을 키우는 엄마다. 책을 많이 읽어서인지 통찰력과 배려심이 깊다. 관계 속에서 늘 따뜻한 관대함이 느껴진다. 회원들을 위한 봉사 정신도 투철하다. 살아가는 모습 하나하나가 본보기가 된다.

어떤 날은 피곤해서 책을 제대로 펼치지 못할 때도 있다. 하지만 B 리더는 단 하루도 빠지지 않고, 모든 회원이 책을 읽고 나눌 수 있도록 길잡이가 되어 준다. 직장과 가정, 양쪽에서 분주한 삶을 살아내는 건 누구에게나 벅찬 일일 것이다. 그런데도 한결같이 중심을 잡고 따뜻한 에너지로 모임을 이끌어 간다.

누군가의 뒷모습을 보며 내 삶을 정리하고 방향을 다시 세운다. B 리더가 있어 역행단 모임이 지속된다. 또한, 회원과 함께라서 나를 지킬 수 있다.

무언가를 꾸준하게 해내는 사람이 있다는 것만으로도 위로가 된다.

3

에너지의 원천

(박계자)

"우리가 얻는 힘은 우리가 주는 사랑에서 비롯된다."

- 괴테(Johann Wolfgang von Goethe)

"얼굴이 좋아 보이네요."

몇 해 전부터 종종 듣는 말이다. 아무렇지 않게 들릴 수 있는 인사치레 한마디에 기분이 좋다.

예전엔 늘 기운이 없어 목이 한쪽으로 기울어 있던 나였다. 그런 나를 기억하는 사람들이었기에 달라진 내가 더 눈에 띄었는지도 모르겠다.

사실 내 하루 체력은 보통 사람의 반에도 못 미친다. 그만큼 몸이 쉽게 지치고 회복도 느리다. 그래서 남들보다 하루를 두 배로 살아내야 하는 형편이다. 어떤 일을 하더라도 마무리를 제때에 못 짓는 경우가 많다. 어느 날 문득 '이 상태로 나이 들어가면 어떻게 살아가지?' 하는 두려움이 밀려왔다. 한낮인데도 거실 바닥에 드러누워 꼼짝도 못 하던 어느 날, 부모님 생각이 났다.

　아버지도 젊었을 때부터 몸이 약하셨다. 그래서 할아버지가 농사일을 주로 도맡으셨다. 아버지는 직접 몸을 쓰는 대신 늘 새로운 농사법을 연구하고 배우셨다. 당시에는 흔치 않던 특용작물 재배에 도전하였다. 비닐하우스를 설치해 고추 모종을 길러 남들보다 일찍 수확하기도 했고, 토마토도 직접 키웠다. 마을에서 처음으로 대파를 재배해 성공적으로 판매하였다. 대파 소비가 거의 없던 시절, 명절이면 마을 사람들이 대파를 사러 우리 집을 찾았다.

　엄마는 새댁 시절부터 밭일에 발 벗고 나섰다. 무거운 토마토며 풋고추, 붉은 고추를 머리에 이고 내를 건넜다. 흔들리는 버스를 타고 읍내 장터로 가게로 집집마다 팔러 다녔다. 그렇게 고된 일을 마다하지 않으시며 우리 가족을 일으켜 세우셨다. 그 삶이 얼마나 치열했던지, 동네 사람들은 이런 말까지 했다.

"인동댁은 시아버지 돌아가시면 망할끼다 캤는데, 오히려 더 잘 살아가네!"

　부모님의 삶을 되새길수록 부끄러움이 앞섰다. 지금의 나는 한창 일하시던 엄마의 나이보다도 젊었다. 일의 양도 강도도 엄마에 비할 바가 아니었다. 그런데 이렇게 지쳐 누워 있는 나 자신이 한심하게 느껴졌다. 내 몸 하나도 제대로 못 챙기면서 앞으로 무슨 삶을 살아갈 수 있을까 걱정이 앞섰다. 나도 허약한 체질이지만, 아버지처럼 머리를 쓰고 엄마처럼 성실하게 살아야겠다는 다짐을 했다.

마음먹고 '국선도 단전호흡'을 시작했다. 처음엔 그저 몸을 조금이라도 추슬러보자는 마음이었다. 국선도 단전호흡을 하면서 몸이 건강해지고 힘이 생겼다. 꾸준히 하다 보니 어느새 자신에 대한 믿음과 자신감이 생겼다.

어느 날, 거실에 앉아 그동안 취득해 놓은 국선도 단전호흡 자격증을 펼쳐 보았다. 단계를 높이고 싶었다. 차근차근 계획을 세우고 다시 도전했다. 국선도 단전호흡에서는 초급지도자의 자격을 주는 '강사' 과정이 있다. 그리고 수사, 사범의 과정이 있다. 이 모두를 취득하고 싶었다. 2년여의 세월을 들여 이론과 실습을 하며 사범 자격을 만들었다.

국선도 지도에 대한 꿈도 생겼다. 내 전문성과 열정을 발휘해 보고 싶다는 욕심이 일었다. 부족한 실력이 걱정이었지만, 더 늦으면 용기조차 잃을 것 같았다. 조심스레 주변 사람에게 마음을 전했다. 그러던 중 지인의 도움으로 국선도 단전호흡 강의를 맡게 되었다. 처음엔 긴장되고 떨렸지만, 수업을 준비하며 내 안의 에너지가 조금씩 차오르는 걸 느꼈다. 내가 마음을 다하자 듣는 이들도 반응을 보여 주었다. 이후 여러 곳에서 강의 요청이 들어왔다.

주로 노인복지관이나 보건소 치매 안심 센터에서 수업을 했다. 처음에는 긴장이 되어 준비해 간 내용도 겨우 했었다. 지도하는 내내 수강생들과 눈도 못 마주쳤다. 수강생들을 두루 살펴볼 수가 없었다. 수업하고 난 후 '동작이 좀 빠르다. 어떤 동작은 힘들어서 못 한다.'라는 반응에 교정은 더더욱 하지 못했다.

그 후로 수업 준비를 철저히 하였고 연습도 여러 번 했다. 시간을 정해 놓고 진행 속도도 맞추어 보았다. 어려운 동작은 빼 버리든지 아니면 단계적으로 할 수 있게 만들기도 했다. 이렇게 미리 준비해서 수업을 진행하니 자신감이 생겼다. 그때야 수강생들이 보이기 시작했다. 잘 따라오고 있는지, 동작이 어렵지는 않은지, 반응을 보며 진행하게 되었다. 또한, 표정은 밝은지 마음은 콩밭에 가 있는 건 아닌지도 보였다. 이제는 여유 있는 진행이 가능하다. 돌발 상황이 발생하더라도 당황하지 않고 차분하게 대응할 수 있다.

지금은 수업 후 회원들과 간단히 차를 마신다. 회원들은 국선도 지도를 받고 몸이 많이 좋아졌다고 한다. "하고 나면 몸이 확 풀려 개운하다."라고 말하는 회원. "이것보다 더 좋은 운동은 없다.", "우리 딸은 엄마 얼굴이 많이 좋아졌다." 한다며 만족했던 회원도 있다. 점점 내 일에 대한 자부심을 느꼈다.

지도자로서 더 나은 수업을 하기 위해 배움을 멈추지 않는다. 국선도 수련을 열심히 하고 스승님께 지도도 받는다. 때로는 너무 힘들어 그만두고 싶을 때도 있다. 하지만, 그럴 때마다 부모님의 모습을 떠올리며 마음을 다잡는다. 게으름이 고개를 들면 시골에 내려가 부모님을 만난다. 거동이 불편하신 몸인데도 불구하고 언제나 말과 행동이 일치하는 부모님의 모습은 내게 말 없는 가르침이었다.

  나를 버티게 하는 힘은 내 안에 있는 줄 알았다. 돌이켜보면 그 에너지는 부모님으로부터 받은 것이다. 성실하게 하루하루를 살아낸 부모님의 삶이야말로 내 에너지의 원천이다. 그 원천이 고갈되지 않도록, 오늘도 나 자신을 단련한다.

  사람과 사람 사이에는 수많은 관계가 있다. 때로는 가족과 스승, 때로는 낯선 타인이 삶에 영향을 주고 마음의 풍경을 바꿔놓는다. 그중에서도 내 마음에 깊이 뿌리내린 사람은 부모님이다. 그분들의 말 없는 가르침은 언제나 나를 삶의 중심으로 다시 돌려세운다. 그 에너지를 등에 지고 지금도 흔들리는 세상을 똑바로 바라본다.

4

아이들의 향기가 피어나다
(박명애)

"이미 엎질러진 우유를 두고 울지 마라."

– 영국 속담(British Proverbs)

대학에서 유아교육을 전공했다. 1년 동안 수련 교사 과정을 거친 후 유치원 교사로 첫발을 내디뎠다. 처음 맡은 반은 만 3세 아이 대략 스무 명 정도였다. 등원 첫날부터 아이들의 울음소리와 겉옷과 가방 찾아주기, 교구 정리로 정신없이 하루가 흘러갔다.

개인 습관과 활동 유형을 관찰하였다. 부모와 소통하기 위하여 짧은 틈을 이용해 일화 기록장도 썼다. 동료들과 매일 수업한 활동 나눔은 도움이 되었다. 그렇게 나는 조금씩 현장에 적응해 가고 있었다. 3월 한 달은 기본생활 익히기에 아주 중요한 달이다. 그렇게 몇 달이 지나 아이들도 조금씩 적응해 가며 수업 참여도가 높아지고 교실 내에 질서도 제자리를 찾아갔다. 아이들의 놀이가 활기를 띠었고 학부모님의 신뢰도 쌓여 갔다.

그날은 간식으로 흰 우유가 나오는 날이었다. 평소처럼 아이들에게 컵을 나눠주고 간식을 챙겼다. 한 아이가 실수로 우유를 바닥에 엎질렀다. 놀란 듯 엎질러진 우유를 바라보고 있었다. 잠시 후, 몇몇 아이들이 그 모습을 흥미롭게 바라보다가 일부러 우유를 바닥에 쏟기 시작했다.

"와아!" 하며 아이들은 쏟아진 우유 쪽으로 몰려들었다. 나는 당황한 마음에 걸레를 먼저 집어 들었다.
흘러가는 우유를 보는 순간, '이왕 쏟은 우유를 놀이로 연결해 볼 수 없을까?'라는 생각이 들었다.
아이들을 자리에 앉혔다. "애들아, 오늘은 우유로 재미있게 놀아보자." 아이들은 눈을 반짝였다.
먼저 나는 아이들 앞에서 양말을 신은 채로 쏟아진 우유 위를 조심스럽게 걷는 모습을 보여주었다. 음악을 켜자 아이들도 하나, 둘 일어나 리듬에 맞춰 조심조심 걸었다. 또 다른 놀이로 우유에 물감을 뿌려 붓으로 그리기를 해 보았다. 쏟아져 고여진 우유를 손으로 찰방찰방 흔들리게 해 보는 아이도 있었다. 교실 바닥은 여기저기 우유로 흩뿌려졌다. 실수에서 시작된 놀이는 뜻밖의 상황을 만들어 주었다. 놀이가 끝난 뒤 손수건을 한 장씩 나눠주고 바닥을 닦게 했다. 아이들과 함께 양말과 발, 손수건을 씻었다. 놀이터로 나가 나무와 연결된 밧줄에 손수건을 널었다.

어쩌면 교육은 실수를 두려워하지 않는 마음을 키워주는 일인지도 모른다. 그러나 해야 할 것과 하지 말아야 할 것들에 대해서는 한 번 더 강조하며 알려주었다.

오후에 아이들 어머니의 전화를 여러 차례 받았다.

"선생님, 우유로 뭘 하셨어요? 아이가 집에서 바닥에 우유를 쏟고 놀이를 하자 해서요."

물론 마시는 음식을 놀이 자료로 사용하는 것에 대해서는 교육적인 설명이 필요했다. 하지만 그날 활동은 아이들과 나에게도 새로운 경험이었다.

'아이들이 우유를 잘 마시게 하려면 어떻게 해야 할까?' 고민했다. 일부러 쏟는 아이도 있고 마시지 않으려는 아이도 있었다. 우유가 우리에게 오기까지 생산 과정을 이야기로 나누었다. 우유를 마실 때마다 "뼈가 튼튼해져요.", "키가 쑥쑥 자라요.", "우유야, 고마워."라는 말을 따라 하게 했다. 매일 간식 당번을 정해 빈 우유 통을 씻어 모으고 놀이에 사용할 수 있게 하였다. 우유 통을 이용해 탑을 쌓는 아이에게는 우선권을 주었다. '칭찬 우유 통 목걸이'를 만들어 색종이로 접어둔 작은 별을 담아 주기도 했다.

교사의 조그만 관심 덕분에 아이들은 우유를 거부감 없이 마실 수 있었다.

실수와 즉각적인 반응에 매몰되었다면 그날의 즐거운 놀이는 없었다. 쏟아진 우유를 문제로만 보았다면 조심성만 알려주었을 것이다.

교사는 아이들보다 먼저 사물을 바라보고 상황을 판단하고 그 안에서 가능성을 찾아야 한다. 작은 실수도 배움의 기회로 확장할 수 있다는 사실을 깨우쳤다. 쏟은 우유 앞에서 "안 돼, 왜 그랬니?"라고 말하기보다 "무얼 경험하게 할 수 있을까?"를 떠올리는 확장된 생각이 필요했다.

"선생님, 이제 우유 잘 마실 수 있어요!"
"이번엔 내가 먼저 우유 탑 쌓고 싶어요!"

아이들의 이 한마디가 그날 내가 걸레를 내려놓고 놀이를 선택한 것이 옳았다는 것을 말해주었다.
교실은 지도하는 곳이 되기도 하고 놀이가 배움이 되기도 한다. 아이들은 더 창의적인 놀이의 길을 먼저 열어갈 때가 많다. '아이들이 선택한 길을 어떻게 할 것인가?' 고민하기보다, 교사가 조력자와 격려자로 나아갈 때 놀이는 아이들의 삶과 하나 되어 움직인다.
교실은 늘 예측불허의 순간들로 가득하다.
아이들 덕분에 나도 배운다. 삶은 정돈된 길로만 가지 않는다. 함께 웃고 넘어지며 다시 일어서는 그 모든 순간이 교실의 가장 귀한 풍경이 된다.

5

불안했던 시간을 지나고
(박영희)

"모든 어려움 속에는 기회가 숨어 있다."
- 알버트 아인슈타인(Albert Einstein)

2019년 말, 코로나바이러스 감염증-19가 전 세계적으로 퍼지기 시작했다. 사스, 신종플루 등 몇 차례 바이러스를 겪었지만, 새로운 감염병에 대한 초긴장과 불안 속에 떨고 있었다.

서울에서 명절 보내러 집으로 오는 딸을 마중 나갔다. 오랜만의 만남이라 설레었다. 대학 입학 이후 따로 지내며 씩씩하게 잘 버텨낸 딸이다. 힘든 서울살이도 치열한 취업 경쟁도 이겨내고 대기업에 입사한 모습이 대견하고 기특했다. 기쁜 마음으로 만나 귀가하던 중 한 학부모에게 전화가 왔다. 목소리는 떨렸고 울먹이고 있었다. 자가진단 결과 아이와 가족 모두 양성 반응이 나왔다고 했다. PCR 검사를 기다리고 있다며 죄송하다는 말을 덧붙였다. 순간 가슴이 철렁 내려앉았다. 불안한 감정을 누르며 위로의 말을 전하고 전화를 끊었다. 두려움이 몰려왔다.

운전 중이었기에 딸도 스피커폰으로 상황을 함께 들었다. 딸을 다시 돌려보내야 했다. 혹시라도 감염되거나 격리라도 되면 그다음 일이 더 걱정스러웠다. 이 상황에 설날의 즐거운 가족 분위기는 기대할 수 없던 터였다. 급히 떡국 꾸러미를 손에 쥐여 주며 "설날 잘 보내." 짧게 인사하고 아쉬운 만남을 마무리했다. 어릴 적부터 엄마의 일이라면 늘 양보하던 가족이다.

그날부터 갑작스레 닥친 상황을 해결하기 위해 정신없이 움직였다. 무엇보다 학부모들께 현재 상황을 알리는 공지를 보내야 했다.

"○○반 유아 한 명과 가족이 자가 진단검사에서 양성 반응이 나왔습니다. 현재 PCR 검사대기 중입니다. 이후 상황은 다시 안내해 드리겠습니다."

하지만 돌아온 반응은 냉담했다.
"어느 반인지, 몇 시에 어디서 검사받았는지 등등은 나와야 하지 않나요?"
"몇 시까지 기다리면 되는지 알려 주셔야 하는 거 아닌가요?"
"그럼 우리는 어떻게 되는 건가요? 유치원은 못 가나요."
"도대체 왜 걸리는 거야?"라며 불안을 감추지 못했다.

오롯이 아이들의 안위를 걱정하는 부모들의 두려운 마음은 때로 날선 말로 되돌아왔다.

그러던 중, 또 다른 학부모의 알림장 문자가 도착했다.
"사실 유치원에서도 기다리는 것 말고는 할 수 있는 게 없습니다. 어느 반에서 나왔는지 어제 말씀해 주었고, 어디서 검사받았는지까지는 안내해야 할 의무가 없다고 생각합니다. 지금은 누구든 어디서나 확진될 수 있는 상황입니다. 유치원도 답답하긴 마찬가지입니다. 누구인지, 어디서 검사했는지를 공개하는 건 옳지 않다고 봅니다. 각자 자가진단 키트라도 준비하며 잘 대응해 봅시다."

이 알림장을 계기로 잠시 날카롭게 표현한 문자는 주춤해졌다. 부모들의 분위기가 달라졌다. 자가진단 키트도 구매하기가 어려웠던 시기라 약국의 정보를 공유했다. 검사대기 장소가 짧은 곳이 어디인지 알려주는 학부모들이 하나둘씩 생겨났다. 처음엔 누군가의 책임을 묻고 따지던 이들이 서로 위로하며 돕기 시작했다. 함께 걱정하고 이겨 내자는 격려의 마음을 전했다. 학부모의 불안을 덜어드리기 위해 다시 메시지를 보냈다.

확진 원아는 등원을 중단해야 하며, 가족은 일상생활이 가능합니다. 다만 외출과 접촉은 자제 부탁드립니다.

"긍정적으로 생각한다는 것은 나쁜 것을 좋게 생각하는 것이 아니라, 있는 그대로를 받아들이는 것"이라고 합니다.
현재 상황을 있는 그대로 받아들이고, 잘 극복해 나가길 바랍니다.
이것은 앞으로 아이들에게 꼭 가르쳐야 할 중요한 교육이기도 합니다.
불안을 내려놓고, 겸허하게 상황을 마주하며,
 더 이상의 확산을 막기 위해 함께 방법을 찾아보아야겠습니다.
무엇보다도 사랑하는 학부모님의 위로와 응원에 큰 힘을 얻습니다.

그렇게 설 연휴 내내 문자와 전화로 정신없는 날을 보냈다. 교육청에 매일 확진자 현황을 보고했다. 유치원에서도 학부모와 끊임없이 소통했다. 확진된 유아의 건강 상태를 확인하고 잘 지내고 있는지 안부도 물었다. 다행히 확진임에도 목만 조금 아픈 정도로 심한 증상은 없었다. 잘 견디며 놀고 있다는 소식을 들으니 안심되었다. 집에서만 지내야 하는 원아들에게 놀이 꾸러미를 직접 배달했다. 짧게나마 원격(Zoom)으로 아이들과 대면으로 만났다.

이 모든 경험은 교육의 본질을 다시 돌아보게 했다. 감염병의 위기 속에서 우리는 서로의 두려움과 불안을 어떻게 다루고, 어떻게 함께 이겨내야 하는지를 배웠다. 아이들에게는 질병보다 더 큰 혼란이 어른들의 불안한 태도일 수 있다. 그래서 교사인 우리는 더 단단하고 따뜻한 마음으로 아이들을 마주해야 한다. 교육은 지식 전달을 넘어 삶의 태도를 가르치는 일이다. 위기의 순간에도 서로 존중하고 살아가는 방법을 보여주는 것이야말로 진정한 교육일 것이다. 위기를 맞으며 마음은 불안에서 시작되었다. 그 끝은 위로와 신뢰였다.

6

일상에서 배우는 풍경

(박윤주)

"삶은 작은 것들 속에서 발견되는 예술이다."

– 빈센트 반 고흐(Vincent van Gogh)

유치원 교사로 시작해 원장으로 아이들을 만나고 있다. 아이들과 함께 있는 시간이 참 좋다. 그들의 세계는 작지만 무한하고, 단순하지만 깊이가 있다. 연약해 보이지만 누구보다 강하다. 나는 오랫동안 아이들과 가까이에서 지냈다. 교사로서, 보호자로서, 때로는 친구처럼. 그들과 함께할 때면 어느새 나도 아이가 되어 있었다. 아이들의 눈높이에서 세상을 바라보는 그 익숙함 속에서 나는 삶의 본질에 더 가까워졌음을 느꼈다.

아이들은 세상을 있는 그대로 바라본다. '왜요?', '그건 뭐예요?'라는 끝없는 질문은 단순한 호기심에서 시작되지만, 그 안에는 세상을 알고자 하는 진지한 태도가 담겨 있다.

한 번은 다섯 살 창현이가 나뭇잎을 들고 내게 물었다.
"선생님, 나뭇잎은 왜 초록색이에요?" 엽록소에 대한 과학적 설명을 시작하려는 찰나, 창현이는 다시 말했다. "나는 초록색이 엄마 웃을 때 눈 같아서 좋아요." 나는 말을 잇지 못했다. 과학보다 아름다운 해석이 바로 그 아이에게서 나왔다.

아이들의 세계는 놀이로 가득하다. 놀이는 단순한 유희가 아니라 세상을 배우는 방법이다. 소꿉놀이 속에서 엄마가 되고 택배 놀이에서 택배 기사가 된다.
어느 날, 네 명의 아이들이 마트 놀이를 했다. 계산대 역할을 맡은 여섯 살 보람이는 인형에게 말한다.
"이건 건강에 안 좋아요. 과자는 한 개만 사세요."
어느 순간 어른의 말투를 닮아버린 보람이의 말에 모두 웃었다. 나는 그 안에 있는 배움의 흔적을 보았다. 아이들은 어른의 삶을 모방하면서 세상을 체험하고 자기만의 방식으로 그 의미를 확장해 간다.

아이들은 실패를 두려워하지 않는다. 어른들은 실수하면 민망해하고 결과를 예측하지 못하면 망설인다. 하지만 아이들은 해 보기 전까지는 절대 멈추지 않는다.
여름날, 다섯 살 희동이는 종이비행기를 수십 번 접었다 펼쳤다. 날지 못하는 종이비행기를 들고 뛰고, 던지고, 다시 구겨서 새로 접었다.

"이번엔 진짜 하늘까지 갈 거예요." 그 믿음 하나로 희동이는 또다시 도전했다. 그 순간 아이에게서 진정한 용기를 배웠다.

유치원이라는 공간은 늘 분주하다. 교실 안에는 아이들의 말소리와 웃음소리가 넘쳐난다. 때로는 투정과 울음도 있다. 매일 반복되는 일상 같지만, 그 안에는 똑같은 하루가 없다. 아이들의 감정은 예측하기 어렵다. 그 변화는 작지만 분명하다. 나는 그 변화를 감지하고 조용히 반응하는 법을 아이들을 통해 배웠다. 아이들은 세상과 끊임없이 대화한다. 말, 표정, 몸짓으로 자신만의 언어를 만들어낸다. 그 언어를 읽어 내기 위해 매일 마음의 귀를 열고 있다.

다섯 살 나연이가 말이 없었다. 평소에 유쾌하고 활달했던 아이였다. 그날따라 말도 없고 혼자 교실 구석에 앉아 있었다. 옆에 앉아 천천히 말을 걸었다.

"나연아, 오늘은 마음이 조용한 날이구나." 그제야 아이는 고개를 끄덕이며 말했다.

"응. 그냥, 조용히 있고 싶어요." 나연이는 고개를 끄덕이며 말했다.

"왜 그런지 원장님이 궁금한데 말해줄 수 있겠니?"

"응. 엄마 생각이 나서요." 그 한마디 속에는 엄마를 향한 사랑이 담겨 있었다. 나는 나연이를 꼭 안아주면서 등을 토닥였다. 이렇게 작은 몸 안에 담긴 큰마음을 느낄 때마다 나는 더 다정한 어른이 되고 싶어진다.

아이들은 말을 많이 하지 않아도 마음은 늘 열려 있다. 우리가 귀 기울일 준비만 되어있다면, 아이들을 통해 나 자신을 다시 만나는지도 모른다. 아이들이 웃을 때 나도 같이 웃고, 아이들이 상상하는 것을 들을 때 나도 잠시 그 세상에 머문다.

아이들이 나를 '원장 선생님'이라고 부르기 시작했을 때 조금 낯설었다. 교사로서 아이들과 더 가까웠던 시절이 그리울 때도 있었다. 하지만 원장으로서 아이들과 함께하는 방식은 다를 뿐 여전히 '곁에 있는 사람'이라는 점은 같았다. 내가 아이들과 가까이 머물며 따뜻한 눈빛을 건네면 교사들도 자연스럽게 그렇게 아이들을 품는다.

누군가 "유치원 원장은 어떤 역할을 하는가요?"라고 물었다. 그럼 나는 "아이들의 하루를 가장 가까이에서 지켜보는 사람, 교사들의 말 한마디를 귀하게 여기는 사람, 그리고 아이와 교사 모두의 일상을 다정하게 엮어가는 사람."이라고 답한다.

어른들은 자꾸만 무언가를 가르치려 들지만, 아이들과 함께할수록 나는 배운다. 솔직하게 감정을 드러내는 용기, 소소한 일상에 몰입하는 집중력, 때로는 뚜렷한 이유 없이도 기분이 좋거나 울적한 하루가 있다는 것. 그런 감정의 풍경은 내 안에서도 오랫동안 잊고 있던 것이었다.

아이 한 명 한 명의 얼굴을 떠올릴 때마다 참 많은 걸 배웠다는 걸 실감한다.

한 아이는 '기다리는 법'을, 다른 아이는 '표현하는 용기'를, 또 어떤 아이는 '함께 있어 주는 것의 의미'를 가르쳐주었다. 그 모든 배움이 쌓여 나를 바꾸고 교사를 바꾸고, 유치원을 바꾸었다.

하루의 끝에 종종 이런 생각을 한다. "나는 아이들에게 어떤 풍경으로 남아 있을까?" 바쁘게 지나가 버린 하루에도 아이들과 마주한 순간은 선명하게 남는다. 웃으며 토닥이던 순간, 울음을 참으며 꾹 눌렀던 손길, 어깨에 살포시 기대던 아이의 체온. 그것들은 모두 살아 있는 풍경이다.

아이들을 돌본다고만 생각했다면 나는 이 일에 오래 머물지 못했을 것이다. 분명한 것은, 내가 엄마가 되었기에 일이 내게 주는 의미와 책임감도 더욱 깊어졌다는 것이다. 단지 교육이라는 시스템 일부가 아닌, 한 사람의 삶과 감정을 함께 돌보는 일이라는 걸 아이들이 알려 주었기 때문이다.

요즘 나는 아이들과 함께하는 일상이 참 감사하다. 매일 다르고 새롭다.
아이의 감정을 눈으로 읽고 아이의 생각을 마음으로 듣는 일이 익숙하면서도 여전히 경이롭다.
아이들의 세계에 머물며 가능성과 희망, 사랑과 기쁨을 느낀다. 그리고 그 풍경은 내 삶을 더 따뜻하고 단단하게 만든다. 아이들은 나의 거울이자, 스승이다.
오늘도 그들 옆에서 배우며 살아간다.

7

나를 철들게 한 사람들
(윤보연)

"사람은 만나는 이들로 인해 만들어진다."
- 랄프 왈도 에머슨(Ralph Waldo Emerson)

휴일 아침, 둘째 딸과 하루 일정에 관해 얘기하는데 딸이 갑자기 짜증을 냈다.

아픈 언니 일로 집안 분위기가 어두울 때도 있어 스트레스를 받았나 걱정되었다.

"너 요즘 들어 짜증을 많이 낸다!"

"엄마, 원래 그러면서 크는 거야."라는 말에 웃음이 터졌다. 아홉 살짜리 입에서 나올 줄 몰랐던 어른스러운 말이었다. 언니가 아픈 것을 보면서 일찍 철이 들어버린 것인지, 원래 둘째가 빨리 철이 드는 것인지 모르겠다. 문득 나도 누군가에게서 배워가며 조금씩 철이 든 것이 아닐까 하는 생각이 들었다. 그 누군가는 바로 시어머니였다. 차 한잔하면서 시어머니께 전화했다.

"왜? 보연아."

놀라면서 전화를 받는다. 목소리를 듣는 순간, 그날의 기억이 나서 미안한 마음이었다.

2017년 새벽 1시경 남편이 갑자기 아파 구급차를 타고 병원으로 향했다. 그때 첫째가 일곱 살, 둘째가 7개월이었다. 같은 아파트 다른 동에 살고 계신 시어머니께 연락했다. 새벽에 전화하니 놀라면서 받았다.

"왜? 보연아."

"어머니, 오빠가 아파서 구급차 타고 병원 갔어요. 수진이가 깨면 울 것 같아 제가 못 갔어요. 어머님이 병원으로 좀 가주세요."라고 말했다.

1시간쯤 지났을 때 전화가 왔다.

"심장에서 나오는 대동맥 혈관이 찢어졌단다." 시어머니의 목소리가 떨렸다.

"네? 그럼 어떻게 해요?" 눈앞이 캄캄했다. 남편은 대동맥박리였다. 스턴트 시술을 서둘러 했다.

그동안 소장으로 피가 못 가서 괴사가 생겼다. 소장의 30%를 잘라내는 수술도 했다. 남편은 한 달 동안 병원에 있었다. 어머니는 눈에 넣어도 안 아플 아들이 수술을 두 번이나 하는 동안 곁을 지켜주었다.

퇴원 후 몸을 추스르고 잘 지내는가 싶었다. 하지만 남편은 한 해에 한 번씩 병원에 갔다. 치질 수술, 맹장 수술, 원인 미상의 빈혈로 검사를 받았다.

그 일 이후 내가 전화를 드리면 시어머니는 "왜? 보연아."라고 걱정 가득한 목소리로 전화를 받았다. 늘 가까이 사셨기 때문에 일이 있으면 찾아가면 되니까 전화하는 일은 많지 않았다. 내가 전화를 드릴 때는 무슨 큰일이 있을 때만이었나 싶은 생각에 죄송했다. 그 한마디에 담긴 깊은 마음은 시간이 흐를수록 크게 다가왔다.

오늘도 그랬다. 언제나 무슨 일이 생긴 건 아닐까 먼저 걱정하는 마음이 담긴 목소리였다.
"아니에요, 아무 일 없어요. 오늘 제가 수진이에게 잔소리했는데 짜증을 냈어요. 너 요즘 짜증 좀 낸다고 말했더니, 그러면서 크는 거야. 하더라고요."
어머니는 "수진이 말이 맞다." 하였다.
"예진이는 괜찮니?" 어머니는 큰딸아이 생활을 궁금해했다.

2024년 6월 중학생 큰딸아이가 친구들과의 관계에서 어려움이 생겼다. 처음에는 우리 부부에게 솔직하게 이야기하지 않고 그냥 학업 스트레스 때문에 힘들다고만 했다. 그러다가 3개월이 지난 추석 연휴에 친하게 지내던 두 명의 친구가 큰딸을 왕따시킨 사실을 알게 되었다. 그 일로 학교폭력 위원회가 열렸다. 아이는 충격으로 심리치료까지 받으며 1년 넘게 힘든 하루하루를 보냈다.
일이 자꾸 커져 결국 시어머니께 알렸고 어머니도 많이 놀라셨다. 자식이 아플 때 겪는 엄마의 마음을 잘 알고 있는 시어머니. 아들도 아팠고 손녀도 아프니 얼마나 마음이 무거웠을까. 그런데도 내가 흔들리지 않게 항상 기도해 주셨다.

딸아이도 1년이란 시간이 흐르는 동안 병원 치료와 상담 등으로 많이 좋아졌다. 나와는 대화도 하지 않으려 했으나 이제는 늘 붙어 다니며 마음속 이야기도 나누는 사이가 되었다.

아이는 글을 쓰면서 본인의 힘든 마음을 다스리고 있다. 얼마 전에는 단편 소설책과 시집을 출간했다. 아이가 자신의 아픔을 글로 승화시켰다는 것이 대견했다. 앞으로도 이렇게 천천히 아이의 방법으로 문제를 해결해 나갈 수 있도록 기다려 주어야겠다.

남편을 만나 알게 된 시어머니는 내 삶에서 존경하는 어른이다.

결혼 초에는 어머님이 좀 어려웠다. 나도 말이 없고 어머니도 말씀이 적어 불편했다. 처음 대하는 어른이 편할 수는 없었다. 하지만 많은 일을 함께 겪으며 어머니를 객관적인 눈으로 바라볼 수 있게 되었다. 그분에게서 배운 것은 옆에서 챙겨 주는 돌봄뿐만이 아니었다. 어떤 상황에서도 흔들림 없이 자리를 지키는 '마음의 자세'를 배웠다.

나는 인정받고 이해받기를 바라는 어린아이 같은 마음이었다. 인생에서 큰일을 겪으면서 더 이상 이해받기를 바라기보다 믿음을 주는 어른으로 내 자리를 지켜내고 싶다.

사람은 사람을 통해 배우고, 마음은 관계 안에서 자란다. 모든 경험이 삶을 지혜롭게 살아갈 양분이 된다는 것을 알았다.

8

나의 시네마 천국
(이희정)

"우리는 해와 달, 바다와 땅이다. 서로가 되는 것이 목적이 아니라, 서로를 알아보고 있는 그대로 존중하는 것이 목적이다."

― 헤르만 헤세(Hermann Hesse)

씬 #1. 여름 미소를 입은 남자

스물일곱, 3년 동안 어느 영화 못지않게 사랑했다. 사랑의 결말은 결혼이라 믿었고, 로맨틱한 장면들이 계속될 줄 알았다. 눈 부신 햇살 아래 눈뜨고, 부지런히 저녁을 준비하며 하루를 마무리하면 되는 줄 알았다. 그러나 신혼여행 다녀온 다음 날부터 그런 장면은 사라졌다.

그는 나의 편과 남의 편 사이에 두 다리를 걸친 남편이었다. 나는 오직 나만을 위한 삶에서 아내, 며느리, 딸로 변화했고, 그는 귀여운 막내아들에서 가장, 남편, 사위로 거듭나야 했다. 그 변화는 수많은 눈물과 거친 토론을 동반했다.

28년 전, 겨울 자정 즈음 전화가 왔다. "창밖을 봐." 그는 내 생일을 가장 먼저 축하하고 싶다며 장미 100송이를 들고 집 앞에 와 있었다. 콩닥거리는 가슴을 부여잡고 도둑고양이처럼 거실을 빠져나갔다. 그 장면은 동네에 소문이 났고, 엄마 귀에도 들어가게 되었다.

대학에서 조교로 일하던 시절, 틈만 나면 서로 전화하며 낄낄댔다. 어느 날, 유희열의 새 앨범이 나왔다는 소식에 그는 과사무실 앞까지 달려왔다. 늘 서프라이즈였다. 그는 언제 어디서나 나를 웃게 하고 감동시키는 사람이었다. 〈프리티 우먼〉의 줄리아 로버츠 따위는 부럽지 않았다.

그러나 거기까지였다. 그는 대리로 진급했고 IMF가 닥쳤다. 나는 일을 그만두었고, 우리는 그즈음 결혼했다.

결혼 후, 그는 홀어머니의 황금 막내였다. 우리 가정을 대표하기보다 자신이 자라온 집안의 방식만을 고집했다. 그 과정은 숨 막혔고, 대부분의 다툼은 거기서 비롯되었다.

결혼 생활 25년, 우리 싸움에는 모범답안도 승자도 없었다. 다행히 가정은 무너지지 않고 버텼다. 우리는 지게와 지게막대기처럼 서로를 지탱하며 살아왔기 때문이다. 그는 지게꾼이자 지게가 되어 가정의 짐을 성실히 나르며 살았고, 나는 그의 지게막대기로서 그가 쓰러지지 않도록 지지했다. 지금도 그 지게가 무너지지 않도록 지탱하고 있다. 이것이 내가 그에게 남은 역할임을 알게 되었다.

장미 100송이를 들고 유희열과 여행스케치를 들려주던, 흰 남방의 여름 미소를 가진 청년은 없다. 이제는 툭하면 셔츠에 양념 자국을 묻히고, 퇴근 후 유튜브를 보다가 잠드는 남자만 있다. 애처로운 등허리만 보인 채 잠드는 이 늙어가는 청년이, 유일한 내 편이다.

씬 #2. 춤추는 천사

처음 마주한 순간 믿기지 않았다. 이 빨간 원숭이 같은 존재가 정말 내 아기라고? 초음파 사진을 보던 날, 부모님은 남편을 닮았다며 웃었다. '실물이 나을 거야.'라며 기대했지만, 출산 직후 품에 안긴 아이를 보고 실망했던 기억은 지금도 웃음이 난다.
그건 단 하루뿐이었다.
엄마 말에 따르면, 노랫소리만 들리면 흥에 겨워 춤추는 아기는 처음이었다. 흥 많고 말 잘하고 잘 웃는, 사람을 기분 좋게 하는 춤추는 천사가 내 품에 왔다.
그 시절 남편은 한 달 중 절반을 출장 중이었다. 남편이 없는 밤이면 아이는 나를 더 꼭 안아주었다. 작은 손으로 이불을 턱 밑까지 끌어주며, "엄마, 안녕히 주무세요. 아빠랑 꿈속에서 만나요."라고 말하던 세 살짜리. 지금도 내 휴대전화에 "my dream"으로 저장된, 나의 희망이자 꿈이었던 아이였다.
그 아이는 나의 애정과 헌신, 열정과 재능뿐 아니라 불안, 걱정, 분노, 심지어 훈육이라는 이름의 폭력까지 모두 받아냈다. 고등학생이 되면서 아이는 마치 해독하듯 나에게 모든 것을 쏟아냈다. 나는 끝없이 사과했다. 지금도 그 아이가 듣고 싶은 만큼, 언제 어디서든 사과하는 것을 주저하지 않는다.

프로메테우스의 간을 쪼아 먹는 독수리처럼, 매일 같은 고통이 반복되었지만 나는 견뎌냈다. 우리가 함께 꿈꿨던 시간을 위해 기다리고 또 기다렸다.

이제 스물셋이 되었다. 여전히 "아기야."라고 불리는 것을 좋아한다. "엄마."라고 부르며 품에 파고드는 아이를 거부하기는 쉽지 않다. 엄마 품이 고픈 이유를 너무 잘 알기 때문이다. 동생의 든든한 언니여야 했고, 올바른 장녀여야 했기에 엄마 품에 제대로 안길 수 없었던 탓이겠지. 아이가 서른이 되고 오십, 육십이 되더라도 언제나 내 품에 꼭 안아주려 한다.

요즘 임용고시 준비에 한창이다. 우리가 함께 꿈꾸고 나누었던 이야기를 스스로 실현하려 하고 있다.

뮤지컬을 함께 보고, 대구 시내를 손잡고 걷고, 신천대로를 달리며 브루노 마스(Bruno Mars)의 음악을 따라 부르던 그 시간들.

이제 아이는 날아오르려 한다. 활주로는 펼쳐져 있다.

아이가 만들어갈 수많은 장면에 감히 엄마도 한 페이지가 될 수 있을까?

씬 #3. 서울 하늘 아래 복덩이

갓 태어난 아기가 눈을 똑바로 뜨고 바라본 건 처음이었다. "당신이 엄마예요?"라는 듯 나를 쳐다보는 아기가 둘째였다.

홀어머니의 막내아들이었던 남편은 어머니에게 금덩이 같은 존재였다. 그래서 나에게 아들을 꼭 낳으라는 엄명이 있었다. 첫째 딸을 낳고 둘째를 미루다, 어느 날 경주의 대추밭 한의원을 찾았다. 한약을 먹고 낳은 아이가 둘째다.

태어났을 때 모두가 너무 예쁘다며 감탄했다. 단 한 사람만 "딸인 줄 알았으면 왜 그냥 두셨어요?"라고 했다. 엄마는 분통을 터뜨리며 "이렇게 예쁜 아이를 안 낳았으면 어쩔 뻔했냐"고 말했다.

둘째가 돌 무렵, 두 딸과 함께 대중목욕탕에 자주 갔다. 어느 날, 작은 아이를 안고 탕 안에서 놀고 있는데, 나이 지긋한 아주머니가 다가와 말했다.

"새댁, 이 애기 안 낳았으면 큰일 날 뻔했네. 새댁한테는 얘가 복덩이야. 잘 키아바래이."

그분의 말이 아니더라도, 둘째는 이미 나에게 그런 존재였다. 그 아이는 내 영혼의 단짝이었다. 어디든 껌딱지처럼 붙어 다녔고, 모난 순간마다 맑은 눈과 말랑한 볼로 나를 위로했다.

그런 아이가 스물이 되어 서울로 떠났다. 당연하고 축복할 일이었지만, 낯선 서울 한가운데 아이를 두고 내려오는 마음은 마치 젖도 떼지 못한 아기를 버려두는 듯했다. 눈물이 그치지 않았다. 아이가 "엄마 가지 마."라며 투정이라도 부렸다면 덜 애달팠을지도 모른다.

언제나 가족 앞에서는 강한 척했지만, 뒤에서 외롭고 슬퍼하는 나의 약한 부분을 가장 많이 지켜본 건 그 아이였다. 어리다고 아무것도 모른다고 생각했지만, 돌아보면 모든 순간을 함께 해주었다.

한창 사춘기였던 언니와 푸닥거리하고 안방에 싸매고 누워 있으면, 아이는 문밖에서 한참을 숨죽이며 기다려 주었다. 엄마가 평온해졌다는 기척이 느껴지면, 아이는 조심스레 문을 열고 들어왔다.

"엄마, 나는 엄마 속 안 썩일게요. 꼭 잘 돼서 엄마 기쁘게 할게요. 나는 꼭 한 번에 원하는 대학 가서 엄마 기쁘게 해 줄게요."

그렇게 위로하던 네가 원하는 대학을 가서 기뻐야 하는데 엄마는 왜 더 슬펐는지 모르겠다.

서울 하늘 아래 너를 두고 내려오는 길, 너와 멀어지는 거리만큼 마음은 점점 고통스러웠다. 그 후로 하늘을 볼 때면 너도 보고 있을까 궁금해지고 때때로 서울행 KTX를 타는 상상을 한다.

지금 돌아보면, 오랜 시간 동안 내가 너를 돌본 것이 아니라, 너로 인해 내가 살아갈 힘을 얻었던 것 같다.

하늘을 보며 속삭인다.

"너도 가끔 하늘을 봐주렴. 그때 엄마도 보고 있을 거야. 우리 하늘에 서로 쪽지 남겨 놓자. 잘 있다고."

에필로그

내게는 영화 같은 장면들이다.

지게와 막대기로 서로를 지탱해 준 남편, 나의 천사이자 거울이 되어 준 큰아이, 복덩이이자 영혼의 친구인 작은아이. 내가 이들을 돌보고 키운 것이 아니라 이들로 인해 나는 다시 태어나고, 다시 살아갈 수 있었다. 때로는 나를 가장 아프게도 했지만, 결국은 나를 가장 단단하게 만들어 준 존재들이다. 쳐다만 봐도 웃음이 나고, 이름만 불러도 눈물이 나는 이들이 내가 잘 살아내고 싶은 이유이며, 버티는 힘이다. 이들이 내 삶의 가장 자랑스러운 장면이 되었고, 나의 시네마 천국을 만들었다.

9

사람 사이 마음의 자리

(전향연)

"인간은 사회적 동물이다."

– 아리스토텔레스(Aristotles)

하늘과 맞닿은 동네였다. 손만 뻗으면 금세 별이 쏟아질 것 같은 곳. 그곳에서 6남매 막내로 태어났다. 아버지는 도시에서 직장을 다녔다. 공부 잘하는 언니와 오빠도 아버지를 따라 도시로 유학을 떠났다. 시골집에는 할아버지와 엄마, 큰언니, 나, 네 식구가 남았다.

할아버지는 누구의 눈치도 보지 않는 분이었다. 그 많은 농사일은 엄마와 큰 언니 몫이었다. 할아버지는 읍내로 나가 친구와 술을 마시고 화투도 치며 하고 싶은 것을 다 하면서 지냈다. 돈이 떨어지면 논이나 밭 한 밭떼기 팔면 되었다. 아니면 아버지가 해결해 주었다. 누구 하나 제재하는 사람이 없었다. 며칠씩 집을 비우기 일쑤였다.

주말이 되면 미군 부대 다니는 아버지가 주 5일 근무를 마치고 시골로 내려오셨다. 그러면 읍내에 들러 꼭 할아버지를 모시고 들어왔다. 엄마가 그런 아버지에게 투정 부리는 것을 본 적이 없다. 종갓집 맏며느리로 입도 무거웠다. 가족과 자녀를 위해 힘든 일도 묵묵히 해나갔다. 시아버지 모시면서 억척같이 일을 했다. 6남매나 되는 아이들 공부 뒷바라지와 맏종부 노릇에 늘 분주했다. 좀 편하게 살 수 있었을 텐데도 말이다.

큰언니는 나보다 열여덟 살이나 많다. 엄마 같고 친구 같다. 세상에서 가장 따뜻한 사람이었다.

내가 일곱 살 때 큰언니는 결혼했다. 형부와 함께 P 도시로 떠난다는 소식에 마음이 아팠다. 언니가 떠난다는 게 믿기지 않았다. 툇마루에 매달려 울며 언니를 붙잡았다. 형부가 언니를 데리고 가는 모습이 너무나 미웠다. 언니를 데려가는 형부가 언니를 빼앗아 가는 사람처럼 느껴졌다. "언니야 가지 마라, 우리 언니 데리고 가지 마세요."라고 소리쳐 우는 나에게 형부가 10원을 건넸다. 작은 손에 쥐어진 동전 하나, 그걸 받고 울음을 그쳤다. 그렇게 서럽게 울던 내가, 고작 10원에 울음을 멈추다니. 마음 한구석이 이상했다. 마치 언니를 형부에게 팔아버린 것 같았다.

지금 생각하면, 그 10원은 단순한 돈이 아니었다. 어린 나를 달래기 위한 형부의 서툰 위로였다. 나의 감정을 잠시나마 어루만져준 작은 마음이었다. 하지만 그 순간의 나는 그저 언니를 보내는 슬픔에 잠겨 있었다. 그 슬픔을 10원짜리 동전 하나로 덮어버린 것 같아 슬펐다. 나의 큰 버팀목이 되어준 큰 언니도 시집을 가고 기댈 언덕이 없어졌다.

엄마는 일이 너무 많아서였을까. 아니면 막내라서 그랬을까. 공부하는 것도, 노는 것도 그저 내가 하고 싶은 대로 하게 했다. 어찌 보면 무관심이라고도 할 수 있었다. 오히려 그런 자유가 좋았다. 그 자유는 여유로운 마음과 살아가면서 필요한 문제 해결력을 키워주었다.

윗동네엔 친구도 없어 눈만 뜨면 아랫동네에서 놀았다. 동네 아기들을 업어 주고 할아버지, 할머니의 말벗도 하였다. 앞집에 시집온 새색시의 말동무도 했다.

고요한 동네 산길을 걸으며 자연의 소리를 들으며 자랐다. 이웃과 함께 살다 보니 사람의 온기를 배웠다. 때론 서운한 일도 있었다. 아기를 업어 주고 놀아주었는데 상처 났다고 꾸지람을 들었다. 산골에 살다 보니 학교에 다니는 길도 멀었다. 중간중간 쉬었다 오면서 잠이 오면 나무 그늘에 잠도 한숨 자곤 했다. 그것을 본 앞집 아재가 여자가 아무 곳에서 잔다고 놀렸다. 동네 동생을 때리지도 않았는데 때렸다고 혼난 기억도 있다. 집성촌이다 보니 모두가 일가친척들이었다.

억울했던 일도 따뜻했던 순간도 모두 그 시절의 풍경 속에 녹아 있다. 사람들과 부대끼며 자란 그 시간이 삶의 어떤 순간에도 나를 지탱해주는 힘이 되었다.

작은 오빠는 도시 생활을 자랑하며 약 올렸다. 나도 도시 문화를 경험해 보고 싶다는 마음이 커질 무렵 전학을 했다. 그때가 열두 살 초등학교 5학년이었다.

　시골 생활에서 도시로 옮겨온 나는 복잡한 거리에서 길을 잃었다. 집을 찾기 위해 골목길을 얼마나 헤매었는지. 모두 똑같아 보였다. 땀을 뻘뻘 흘리며 돌아다니다가 겨우 집을 찾았다. 도시와 시골은 전혀 달랐다. 사람도 많고 차도 많았다. 학교에 가니 시골에서 왔다고 놀리기도 했다. 동네도 학교도 낯설었고 불안과 긴장의 연속이었다.

　인생은 하나의 긴 여행이다. 때로는 비탈진 고갯길을 오르기도 하고 햇살 가득한 들판을 지나기도 한다. 나의 유년 시절은 산골 마을에서 시작되었다. 이름난 관광지도 아니고 화려한 풍경도 없었다. 명절이 되면 도시로 떠났던 친구들이 다시 시골로 모여들었다.
　각자 차례를 지낸 뒤 어김없이 한자리에 모였다. 벌초를 깨끗하게 해 놓은 산소에서 강강술래도 하고, 쥐불놀이도 하고 잡기 놀이도 하며 놀았다. 동네 친구의 원두막에서 목이 터지게 노래 부르고 이야기를 나누며 밤을 지새웠다. 명절이 기다려졌다. 사회인이 될 때까지 그렇게 추억을 쌓았다. 고향은 무엇보다 소중한 출발점이었다.

　대학교 K 선배는 "항상 긍정으로 말하고 상대를 배려하는 친구 같은 후배."라며 말한다. 마음이 시키는 대로 행동으로 옮긴다. 주변 사람이 나로 인하여 기뻐하고 힘 얻는 일이라면 기꺼이 한다. 누가 어려운 일이 있다면 망설이지 않고 달려간다.

함께 의논하고, 곁에서 힘이 되어 주기 위해서다. 물론 시간이 지나면 스스로 해결할 수도 있다. 하지만 그 순간만큼은 두렵고 떨리는 마음을 혼자 감당하기엔 벅차다. 그럴 때 곁에 있는 단 한 사람이 얼마나 큰 힘이 되는지 잘 알고 있다. 말보다 행동으로 마음을 전하고 싶다.

언제부턴가 삶의 목적은 성공보다는 관계가 되었다. 방향보다 태도가 중요해졌다.

삶의 많은 것을 움켜쥐기보다 오히려 내려놓고 나누는 데에서 더 큰 기쁨을 느꼈다. 어릴 적 나를 품어준 그 고향처럼 나도 누군가에게 포근한 쉼터 같은 사람이 되고 싶었다.

10

쓰다, 걷다, 살아나다
(조정옥)

"글을 쓴다는 것은 두 번 사는 것이다."

– 마르그리트 뒤라스(Marguerite Duras)

나는 사과밭 집 둘째 딸이었다. 부모님과 언니와 동생 일곱 식구다. 우리 집은 강물이 흐르는 둑길을 따라 걸어가야 했다. 주변에는 온통 사과밭이었다. 비 오는 날이면 어머니는 꽃을 심고 작은 정원을 가꾸었다. 아버지는 그런 어머니를 말없이 지켜보았다. 봄이면 하얀 사과꽃이 눈처럼 흩날렸다. 작고 여린 사과들이 제대로 자라도록 손가락이 아파도 가위질하며 솎아 내던 부모님의 손길이 아직도 애잔하다.

여름이면 빨간 홍옥이 익어가고 사과나무 밑에는 보리 짚단을 깔아 사과에 상처가 나지 않도록 정성을 다했다. 사과를 한입 베어 물면 상큼한 신맛에 인상이 절로 찌푸려졌다. 가을에는 커다란 부사 사과를 바구니에 가득 담아 상자에 옮겨 담았다. 저녁노을이 질 때까지 사과를 따고, 담고, 포장하며 하루를 마무리했다. 나는 사과를 따고 나르고 손수레에 사과 바구니를 줄로 세워 운반하며 상자에 담았다.

  복숭아밭도 있었다. 복숭아꽃이 만개하면 꽃길을 걷는 그 순간만큼은 세상 어느 곳보다 평화로웠다. 부모님과 우리 자매는 새벽이면 복숭아를 따고, 비 오는 날엔 비옷을 입고 공판장에 보내기 위해 바삐 움직였다. 코로나 후유증을 앓고 있던 어머니는 82세 때 돌아가셨지만 아직도 내 곁에 계신 듯하다. 마음 한구석에서는 아직도 그분을 떠나보낼 준비가 되어 있지 않았다. 아버지는 어머니와 23일 차이로 돌아가셨다. 많이 보고 싶다. 그리움이 되어 가끔 그분의 목소리가 들리는 것 같다. 하늘을 올려다보아도 구름을 바라보아도 사계절의 풍경 속 어디에나 부모님이 계신 것만 같다.

  아버지는 딸들이 학교 다닐 때는 달력으로 책에 꺼풀을 입혀주었다. 집에서 머리를 잘라 주기도 했다. 손톱을 깎아주며 자상하였다. 사과 농사일도 열심이었다. 우리 자매는 그런 부모님의 사랑을 받으며 몸은 고되었지만, 기꺼이 일손을 도왔다.

  고3 때 남편을 소개로 만났다. 친구로 지내다가 스물여섯 살에 결혼하였다. 성실한 사람이다. 말수는 적었지만, 생각이 깊고 가족과 이웃을 따뜻하게 대하는 사람이다. 남편은 종합학원과 태권도 체육관을 운영하였다. 결혼 후 함께 일을 하였다. 두 아이를 낳고 바쁜 일상을 살아왔다.

나는 학원에서 오전 시간은 유치부에서 가르치고, 오후에는 속셈과 미술, 피아노를 가르쳤다. 종합학원을 운영하고 선생님을 관리하는 일은 바쁘고 힘들었다. 저녁때까지 학부모가 아이를 데리러 오지 않는 날은 기다려야 했다.

내 아이들의 눈빛이 아직도 선명하게 기억난다. 저녁밥을 못 먹어서 "배가 고파요. 빨리 주세요." 하는 눈빛이었다. 정작 내 아이에게 저녁밥을 늦게까지 주지 못하였다. 지금 생각하면 미안하고, 아프고, 돌이킬 수 없어 가슴이 먹먹해진다.

언제부턴가 지쳐갔다. 조용한 시간을 갈망했고 흐르는 시간이 두려웠다. 세상이 너무 버거워졌다. 방문 밖으로도, 대문 밖으로도 나가고 싶지 않았다. 우울증이 찾아온 것이다. 병원에서 수면제를 처방받아 먹었다. 외출도 하기 싫고 사람의 시선이 두려웠다. 일상생활을 못 하고 방 안에만 있었다.

그 시기에는 나보다 가족이 더 힘들었을지도 모른다. 남편과 아이들에게 말을 하지 않았다. 나의 침묵 속에서 얼마나 많은 감정을 감내했을까.

그런 나를 일으켜 세운 건 부모님과 목사님 그리고 하나님이었다. 부모님은 목사님과 함께 집으로 찾아오셨다. 그날 나는 예수님을 믿게 되었다. 이후 영어 선생님이자 전도회 회장이었던 집사님이 계속 찾아와서 내 손을 잡아주었다. 따뜻한 손길과 말이 내 마음을 조금씩 열게 했다. 수요예배와 주일예배에 나갔다.

  믿음이 자라자, 마음도 달라졌다. 우울증이 차츰 나아지기 시작하였다. 남편은 속셈학원, 미술교습소, 피아노교습소를 정리하고 태권도 체육관 운영에 집중하기로 했다. 그 덕분에 가족과 함께하는 시간이 늘어났다. 아이들과 웃고 일상에서 웃음을 찾게 되었다. 집이 가까이 있어 태권도 체육관을 오고 가면서 내 아이들의 방과 후 생활을 조금 도와줄 수도 있었다. 무엇보다 저녁밥을 함께 먹을 수 있어 행복했다. 돌이켜보면, 내가 하고 싶은 일을 충분히 표현하지 못하고 살아왔던 것이 병의 씨앗이 되었다.

  그 무렵, 우연한 소개로 슈타이너 문학 치료를 알게 되었다. 2010년, 지인이 〈창조적 여성 일자리〉 공모에 선정되어 무료 수업이 진행된다고 하며 참여해 보라고 권했다. 지금은 독서 모임도 함께하고 있다. '문학 심리 상담 봉사회(현재 봉사단)'라는 모임으로 15년째다. 문학 치료 수업을 듣고 글은 잘 쓰지 못했지만, 시작했다는 것만으로도 감사했다. 나이 예순 넘어서 이렇게 나 자신을 돌아보고 기록할 수 있다는 것이 기쁨이었다.

  누구에게나 마음 깊이 감춰진 풍경이 있다. 그 풍경은 때로 아픔으로, 때로 그리움으로, 때로는 희망으로 스쳐 간다. 나는 글을 쓰며 내 마음을 하나씩 꺼내어 마주했다. 부모님의 사랑, 남편과의 시간, 내 자녀들을 키우면서 겪은 갈등을 풀어내었다. 돌아보면 삶은 늘 완전하지 않았다. 하지만 그 불완전한 속에 내가 있었다. 비록 지금도 부족하고 더디지만 지금 나는, 다시 걷고 있다.

> 질문으로 건너는 시간 2

#관계
누군가의 한마디가 내 삶에 변화를 준 적 있나요?

사람과 사람 사이의 관계는 말 한마디, 작은 행동 하나로도 깊은 흔적을 남깁니다. 무심코 건넨 따뜻한 말, 혹은 나를 멈추게 했던 냉정한 조언은 시간이 흘러도 삶을 움직이는 원동력이 되곤 하였습니다.

당신에게도 그런 순간이 있었을 겁니다.
그때의 목소리와 표정, 그리고 당신 마음에 남은 울림을 떠올려 보세요.
그 기억을 다시 적어보는 것만으로도 우리는 관계가 주는 힘을 새삼 느낄 수 있습니다.

김혜련   누군가를 이해하는 길에서 나 자신을 다시 만났습니다. 관계는 결국 나를 비추는 가장 정직한 거울이었습니다.

박경애   사람과의 만남 속에서 웃고 울며 내가 자라왔습니다. 관계는 나를

	길러낸 또 하나의 삶이었습니다.
박계자	말을 하지 않아도 실천하며 몸으로 보여지는 언어가 더 큰 울림으로 다가올 때도 있었습니다.
박명애	사람과의 만남은 때로는 상처가 되었고, 때로는 위로가 되었습니다. 그 모든 순간이 모여 지금의 나를 지탱하는 힘이 되었습니다.
박영희	누군가는 내 곁에서 빛이 되었고, 누군가는 그늘이 되었습니다. 그 모든 동행이 내 삶의 무늬를 만들었습니다.
박윤주	사람과의 관계 속에서 주고받은 말과 행동이 나를 자라게 했습니다. 나눔은 결국 내 마음을 더 넓히는 힘이 되었습니다.
윤보연	스쳐 간 인연도, 오래 남은 인연도 모두 내 삶을 물들였습니다. 그 인연들이 모여 나의 마음 풍경을 완성해 주었습니다.
이희정	관계는 때로 나를 흔들었지만, 결국 나를 세워주었습니다. 그 속에서 나는 내가 어떤 사람인지 조금씩 알아갔습니다.
전향연	사람 사이의 온기는 작은 말과 행동에서 피어났습니다. 그 따스함

이 내 마음을 지탱하는 힘이 되었습니다.

조정옥   마음이 다치기도 하고 채워지기도 하면서 살았습니다. 관계는 나를 배우고 또 자라게 하는 삶의 학교였습니다.

3장

붙잡을 것과
놓아줄 것

잡고 싶은 것과 내려놓아야 할 것 사이에서 우리는 늘 흔들린다.
놓는 법을 알게 될 때,
비로소 더 자유롭게 나답게 설 수 있다.

1

변해도 변하지 않는 것

(김혜련)

"삶은 준비를 기다리지 않는다. 오늘부터 살아야 한다."

– 세네카(Lucius Annaeus Seneca)

점심을 사겠다는 미령이의 연락을 받고, 오랜만에 대학 친구 넷이 함께 모였다. 미령이 아들 결혼식 이후 처음이었다. 모임 장소는 현대백화점 지하 1층의 텍사스 로드하우스. 스테이크를 앞에 두고 웃음이 오가던 때, 미령이 남편이 합석했다. 그는 농담처럼 말했다.

"죽기 전에 얼굴 한번 보러 와야지." 아내 손에 금일봉을 쥐여 주며 우리에게 맛있는 것을 대접하라 했다. 함께 식사하자고 권했지만, "다음에 꼭 같이 하자."라며 인사만 남기고 먼저 일어섰다.

식사 후 우리는 영화 〈싱글 인 서울〉을 보러 갔다. 영화관 위치를 몰라 지도 앱을 켜고 서둘러 길을 나섰다. 거리는 청춘 남녀들로 북적였고, 시내의 공기는 여전히 활기로 가득 차 있었다.

40년 전 한때 청춘이던 친구들과 누볐던 동성로 거리다. 크리스마스와 연말 분위기였다. 유행하는 탕후루 집에는 사람들이 길게 줄을 서 있다. 역시 매스컴의 힘은 유행 앞에서 강하다.

부동산 경기가 어렵긴 한가 보다. 대구백화점 본점은 굳게 문이 닫혀 있다. 건물 뒤편에는 임대 글자만 붙은 빈 가게들이 많았다. 만돌린을 배우던 악기사도 없어지고 옷을 사 입던 가게, 카페도 모두 간판이 바뀌었다. 해물 잡탕이 맛나던 식당은 장사하지 않았다. 선한 인상의 사장님은 추억으로만 자리를 지키고 있다.

9층 영화관에 올라가 자리를 잡았다. 빈자리가 많았다. 우리는 1인 1좌석에 가방도 1인 1좌석으로 앉혔다. 영화는 싱글라이프에 관한 책을 만들면서 벌어지는 이야기였다.

혼자가 좋은 파워인플루언서 '영호'(이동욱). 유능한 출판사 편집장이지만, 혼자는 싫은 '현진'(임수정). 두 사람이 책을 두고 사사건건 대립하면서도 함께 보내는 시간이 나쁘지만은 않은 듯하였다. 혼자가 좋지만, 연애는 하고 싶은 두 남녀의 싱글라이프가 전개되었다. 소재가 편집자, 작가 이야기라 가슴 설레었다.

공저 책도 출간하고 작가의 길로 들어선 나에게 영화가 보여 주는 줄거리 외, 책에 대한 의미와 가치를 느낄 수 있었다. 작가 선정하는 과정과 출판사의 고충도 알았다. 책 계약 및 집필, 편집 및 교정 교열, 표지 디자인과 종이 재질 선택, 인쇄와 제본 등 책이 만들어지는 과정을 볼 수 있었다. 작가의 글과 책에 함께 실릴 사진도 아름답고 멋졌다.

자신이 기억하는 추억은 진실이 아닐 수 있음을 확인하고 인정하는 모습도 좋았다. 첫사랑이 등장할 때 현진의 사랑이 또 어긋날까 조마조마했다.

20대만 아니라 40대 어른의 연애 이야기도 있었다. "같이 있어도 자유롭고 편안한 사람을 만난 거죠. 그대로의 나를 인정해 주는…." 현진이 새엄마가 하는 말이다. 자유롭다는 말, 부럽다. 편안하다는 말, 인정해 준다는 말에 마음이 따뜻해졌다.

영화를 본 뒤 '우리나라 예쁜 나라'라는 말이 절로 나왔다. 영화 속 한 장면, 한 장면이 화보였다. 서울 야경 구경도 좋겠다며 마음은 벌써 서울로 향했다.

이른 저녁이지만 추억의 맛을 보러 45년 된 미진 분식을 찾아갔다. 김밥, 쫄면, 가락국수 두 그릇을 시켰다. 대기 줄을 서서 기다린 보람으로 앉아서 먹을 수 있었다. 포장으로 구매하는 사람도 많았다.

누군가는 장사를 접고 누군가는 45년을 이어오며 음식의 역사를 만든다.

다시 현대백화점으로 갔다. 9층 전체가 카페로 되어 있다고 추천하는 친구 말에 호기심 발동이다. '카페 워킹 컵'이란 복합문화 공간이다. 전체 1,300평 공간에 500석 가까운 좌석이라 했다. 공간이 넓어 속이 뻥 뚫리는 느낌이었다. 매장이 넓기도 하고 천정이 높아서 개방적이었다.

다양한 컬러와 콘셉트로 꾸며져 있었다. 거대 조각상과 분수와 초록 식물로 꾸며진 야외정원은 어둠이 내렸다.

 노랑 테이블에 둘러앉았다. 창밖 야경이 보이는 자리는 손님들로 꽉 찼다.

 팥빙수와 빵, 커피, 아포가토를 시켰다. 키오스크 앞에서 한참을 이리저리 눌렀다. 뒤에 사람이 없는 것이 다행이었다. 이런 것이 세대차를 느끼게 한다. 영화 예매만 해도 할인받는 방법을 몰라 금액을 다 결제하고 볼 수밖에 없었다. 시대 변화에 달팽이 걸음으로 열심히 따라가고 있는데 너무 빨리 변한다.

 각자 개성 있는 우리의 우정은 대학 시절 20대에서 60대 중반을 향해 가고 있다. 1980년대 대학에서 만난 친구들이다. 사는 일이 바빠 알뜰살뜰 챙겨 주고 자주 만나지 못하였다. 그동안 건강하게 살아가고 있다는 사실만으로도 감사한 일이다. 남편과 자식 이야기를 시작으로 이젠 나만 위하면서 살고 싶다는 하소연까지, 그동안 삶의 흔적을 조금씩 꺼내었다. 한 친구는 전업주부로 시부모님, 친정 부모님의 임종과 병시중을 하였고, 외손주까지 키워준 세월을 보냈다. 다른 두 친구는 유치원 원장으로 퇴직할 때까지 유아교육 현장에서 남다른 열정으로 마무리했다. 나만 아직 현직에 있다. 아쉽다고 느낄 때 끝맺음을 잘하고 싶다.

 추억의 거리를 걷고 시간을 함께 나눌 수 있어 행복했다. 친구 영란이는 목이 긴 양말과 서리태 콩을 나누었다. 시내 지하도에서 코르덴 바지를 코디해 주는 편한 친구들이다. "우리 오늘 많이 걸었지?" 건강 앱을 켜보니 9,806걸음이다. 맛난 음식과 차와 영화 보기 그리고 수다까지 웃으며 즐거웠다. 아쉬움을 뒤로하고 자리를 털고 일어섰다. 경주로 가야 하는 친구와 지하철로 이동했다. 동대구역에서 다음 만남을 기약했다.

  진정한 친구란 '그 사람의 단점까지도 사랑하는 것'이라는 말이 떠올랐다. 늙어가면서 허물은 덮고 새로운 마음으로 익어간다. 세상의 변화는 따라가기에 벅차지만, 우리가 변하지 않고 붙잡을 수 있는 것은 함께 웃고 우는 친구라는 사실이다. 걸으며 내려놓고 웃으며 비우고 따뜻함으로 다시 채웠다.

2

끝내 나를 붙드는 힘
(박경애)

"네 자신을 믿어라. 그 안에 힘이 있다."
- 크리스천 D. 라슨(Christian D. Larson)

서른아홉, 눈물이 멈추지 않았다. 수도꼭지를 틀어 놓은 것처럼 계속 흘렀다. 우울증이 시작된 것 같았다. 집에 있을 수가 없어 도서관 문화센터로 갔다. 매주 영어, 주역, 가곡 등을 배웠지만 우울증의 근원이 궁금하였다. 심리에 관한 수업이 있으면 알려 달라고 주변에 입버릇처럼 말했다. 어느 날, 지인이 광고지를 보고 사진을 찍어 보냈다. '문학'과 '심리'라는 단어와 전화번호, 위치만 내 눈에 들어왔다. 전화 후 슈타이너 심리상담연구소로 찾아갔다. 수강 신청을 했다. '문학 심리 2급 자격증' 반이었다. 돈에 쪼들리던 상황이었지만 80여만 원을 결제했다.

문학 심리는 여러 장르의 매체(영화·그림책·시·소설·음악·연극 등)를 통해서 치유하는 프로그램이었다. 특히 그림책 속 주인공의 감정,

상황, 행동을 자기 동일시 한다. '내가 이런 사람이었구나.' 하고 자신을 새롭게 발견하고 이해하게 된다.

　이론 수업 후 시험에 합격하였다. 1박 2일 워크숍, 동료 실습, 필수 조건 다 갖추어 3년 과정을 마쳤다. 마음 치유가 되는 것을 느끼며 매년 수업비를 지출하였다. 2013년 12월 자격증을 받았다. 자격 받은 후에도 꾸준하게 공부하였다. 10년이 지나 문학 치료 상담 1급 자격증도 땄다.

　한 달에 한 번씩 회원들과 슈타이너 소장님과 공부하고 있다. 덕분에 마음 근력이 단단해졌다. 문학 심리는 딸의 양육에도 도움이 되었다.

　2급 자격증을 받은 후 초·중등학교 교육청에서 주관하는 학교폭력 예방과 진로 탐색 수업을 진행했다. 그림책 『내 탓이 아니야』로 PPT 작업을 하였다. 보여 주고 이야기 나누며 그림을 그린 후 감정 표현 수업을 진행했다.

　책 내용은 학교 쉬는 시간에 벌어지는 왕따 당한 아이에 관한 이야기였다. 그림책 주인공을 통해 이야기를 나누고 그림으로 표현하면서 상대의 마음을 헤아려 준다.

　진로 탐색은 A3 용지에 '장점 나무 그림'을 그린다. 자신의 장점을 표현하고 진로 탐색하는 작업이다. 장점을 발견하도록 이야기 나눈다. 선명하지 않아도 미래의 진로 방향을 잡아가는 것 같았다.

　학생들에게 도움이 될 수 있는 일이라 뿌듯했다. 50분 수업을 진행하고 5만 원 수업비도 받았다.

1년에 한 번씩 멘토링 힐링 체험 행사에 참석한다. 대구백화점과 2.28 공원에서 다양한 프로그램으로 체험 부스가 운영된다. 슈타이너 심리상담연구소는 '오늘도 힘내자!'라는 응원 노트와 액자 만들기 등 멘티들과 함께 체험 부스를 운영했다. 삼삼오오 젊은이들이 모여 여러 체험 부스를 다니며 즐거워했다. 우리 부스로 방문하는 사람들은 액자에 응원 메시지를 적어 갔다. 색칠해서 들고 가는 모습에 보람을 느꼈다.

심리라는 두 글자를 보고 시작했는데 우울증이 나도 모르게 사라졌다. 마음 근력도 키웠다. 학교에서 수업을 진행해 보았고 적지만 돈도 벌었다. 문학 심리는 꼭 붙잡고 있어야 하는 나의 짝꿍이다.

시 낭송 모임을 동네 도서관에서 시작했다. 네 명이 서로 마음 맞아 그룹 지도를 받았다. 점점 낭송의 매력에 빠져 낭송대회도 나갔다. 우물 안 개구리 같다는 생각이 들어 세 명이 J 단체에 가입했다. 공연하고 대회도 나가니 낭송 실력은 늘었다. 다른 지역 대회에도 나갔다.

회원들은 나이가 있고 시간적 여유도 많았다. 어느 정도 경제적으로 안정되어 자신감도 높았다.

난 그렇지 못했다. 하지만 몇몇은 나를 잘 본 건지 감투를 쓰게 했다. 그러면서 어쩔 수 없이 임원 자리를 맡게 되었다. 가깝게 지내던 한 사람은 멀어지게 되었다. 다른 사람과 모임을 이어가게 되었다. 나와 함께 해주길 바랐다. 섭섭한 마음이 커서 상처로 남았다.

낭송을 배우러 갔지만 임원 활동으로 낭송할 여유조차 없는 날이 이어졌다. 그녀와 낭송을 즐기며 지내던 날이 그리워졌다. 임원 자리도 벅차 내려놓았다. 그 후 또 어쩔 수 없이 임원을 맡았다. 이번에도 낭송할 시간이 없었다. 탈퇴했다. 함께 가입했던 그녀는 여전히 단체 활동을 하고 있다.

임원을 하며 멀어졌고 내 곁을 떠난 그녀였다. 믿었던 만큼 더 깊은 섭섭함이 마음을 파고들었다.

시 낭송은 그리웠지만, 그녀를 다시 본다는 것은 내키지 않았다.

『아주 보통의 행복』에서 최인철 작가는 "삶의 모든 문제를 사람의 문제로만 국한 시키지 않을 때, 삶은 여유로워지고 균형을 이루게 된다."라고 하였다. 삶의 문제를 사람 중심으로만 해석하지 말고, 더 넓은 시야로 보자는 말이다. 그럴 때 내 감정도 덜 상하고 세상을 더 편안하게 바라볼 수 있다.

지금 생각하면 내가 부족했던 탓이다. 그 사람과 나누었던 따뜻한 순간은 여전히 마음 한쪽에 머물러 있다. 그 사람은 행복을 위해서 최선의 삶을 살고 있었다. 내가 주제넘었던 것 같다. 인생은 누가 대신 살아주지 않는다. 행복은 자신이 찾아야 한다.

시 낭송 공연 대회를 위해 연습하거나 무대에 서면 힐링 된다. 하지만 서로를 다독여 주지 못하는 아쉬움이 컸다. 갈등은 내려놓고 혼자 즐길 수 있는 글쓰기에 힘을 쏟는다.

글쓰기는 수많은 생각을 글로 꺼낸다. 나만의 공간에서, 크고 작은 사건들을 하나씩 떠올린다. 복잡한 마음을 글로 풀어내어 이해하고 위로한다.

  잘 살아올 수 있었던 것은 결국 사람 덕분이다. 사람을 통해 얻고, 잃고, 아파하고, 웃으며 버텨 왔다. 감사함을 표현하고 혼자 즐길 줄 아는 방법을 배웠다. 남은 삶 좀 더 풍요롭게 살아야겠다. 순간에 집중하며 더 깊고 단단한 나를 붙잡는다.

3

살아갈 기적

(박계자)

"네가 통제할 수 있는 것에 최선을 다하고, 나머지는 흘러가게 두라."

– 에픽테토스(Epictetos)

"이제 안 한다고 했잖아?" 늘 반복되는 말이었다. 남편은 카드놀이를 좋아했다. 이것 때문에 우리 부부는 자주 싸웠다. 싸움은 거칠었다. 전화기가 망가지고 의자가 거실에 동댕이쳐질 정도였다.

내 생각이 남편 생각이고, 남편 행동은 내가 원하는 대로 되는 줄 알았다. 서로 사랑해서 결혼했는데 왜 사랑하는 사람의 말을 듣지 않는 것일까? 그때는 정말 이해가 되지 않았고 힘들었다. 아내인 나를 어찌 보고 저런 행동을 할까 싶었다. 분노하게 되고 자존심이 상했다. 마음이 아팠다.

우리는 초·중학교 동기로 만나 결혼했다. 그렇기에 친구들한테 자존심이 상해 말을 할 수 없었다. 남동생들한테는 맏이인 누나로서 자존심을 무너뜨리고 싶지 않았다. 잘 사는 모습을 보여 주고 싶었다. 친정 부모님에게는 더더욱 꺼내지 못하는 말이었다. 그 어느 사람한테도 하소연할 수가 없었다. 한편으로는 그렇게 하는 것이 주위 사람으로부터 남편을 세워주는 일이고, 나 자신도 함께 세우는 일이라 생각했다. 그래서 입을 꼭 다물고 살아왔다.

싸우고 나면 며칠은 냉전이었다. 그런 날들이 반복되다 보니, 위장이 수시로 탈이 났다. 선천적으로 약하게 타고난 원인도 있지만, 스트레스가 심했던 것 같았다. 얼굴에는 수심이 가득했는지 웃음이 없다는 말을 자주 듣기도 했다.

몸과 마음이 다 불편했다. 계속 그렇게 살 수는 없었다. 할 수 없이 내가 먼저 마음을 바꾸기로 마음먹었다. 우선 속상한 일이 있을 땐 움켜잡지 않기로 했다. 긴장을 풀고 손안에 움켜쥔 것을 툭 놓아버렸다. 놓아버렸더니 신기하게 어지럽던 일들이 알아서 자리를 잡아갔다. 흘러갈 것은 흘러가고 흡수될 것은 흡수되었다. 그러니 몸의 혈액 순환이 잘 되었다. 덩달아 위장도 좋아졌다.

남편에게, '지나온 날들보다 살아갈 날이 더 중요하니까 앞으로 그러지 말자.' 다짐을 받았다. 그래도 미움의 찌꺼기는 남아 있었다. 다만 '눈 가리고 아웅'하는 식이었지만 그러고 나면 마음과 몸이 편했다. 먼저 내가 편안해지자고 마음을 바꾸기로 한 선택이었다.

그 후로 화나는 일과 불편한 마음을 내려놓으려 애를 썼다. 또한, 그날 일은 그날로 끝내려고 했다. 생각이 행동이 되다 보니 굳이 생각하지 않아도 자연스럽게 행동으로 나타났다. 일들이 잘 풀렸다. 마음의 화가 줄자 몸의 상태가 좋아졌다. 그리고 모든 상황이 점점 좋아졌다.

나는 남편 바라기였다. 모든 시선이 남편을 향하고 있었다. 그래서 시선을 남편이 아닌 다른 곳으로 보내기로 했다. 남편도 그런 시선이 부담스러웠던 모양이었다. 때로는 지나가는 말처럼, 때로는 진지하게 어딘가에 관심을 가져보라 권하기도 했다.

아이들이 커 가면서 시간적 여유도 생기니 무언가 해 보고 싶었다. 늘 한쪽 마음에 엉거주춤 앉아 있는 문학이 생각났다. 도서관 독서 동아리에 가입하였다. 책을 읽고 건강에 관한 이야기를 나누다가 '국선도 단전호흡'을 알게 되었다. 체계적이고 과학적으로 짜여 있고 건강에 좋다며 권했다. 무얼 하려 해도 체력이 따라주지 않으니 마음만 앞섰던 나였다.

국선도 단전호흡을 배웠다. 그때는 이론도 원리도 관심 없었고 건강에 좋다 하니까 그냥 했다. 단전호흡하고 나면 쓸데없는 생각이 사라졌다. 복잡했던 머릿속이 말끔했다. 마음을 어지럽히던 것들도 정리되는 듯했다. 저절로 기분이 좋아지고 타인을 대하는 시선이 너그러워졌다.

가랑비에 옷 젖는다고 했던가. 국선도 단전호흡이 몸과 마음 건강에 효과가 크다는 것을 몸으로 체득해 갔다. 시간을 더 들였다. 때로는 게으름을 피우면서도 끈을 놓지 않고 계속했다.

국선도 지도자의 길로 들어서기로 마음먹었다. 그리고 생활 강사, 수사를 거쳐 사범 자격의 위치까지 올라갔다. 국선도 사범이 되고 보니 나 홀로 설 수 있는 사람이 되고 싶었다. 운 좋게 지인의 소개로 국선도 단전호흡을 지도할 기회가 생겼다. 수줍고 말주변이 없긴 했지만 도전해 보았다. 자신 있다기보다는 무작정 부딪혀 보기로 했다. 두려웠지만 가슴 펴고 용기 있게 나아갔다.

평소 내성적인 내가 남들 앞에서 강의할 수 있는 원동력은 무엇이었을까 생각해 보았다. 국선도 단전호흡 수련을 계속해 왔기 때문인 것 같다. 국선도에서는 호흡을 중요하게 여긴다. 단전에 마음을 모으고 호흡을 하면 단전호흡이 되는 원리이다. 그러다 보면 단전에 기운이 모이고 몸이 건강해지고 덩달아 마음도 건강해진다.

'지금, 여기'도 중요하게 생각한다. 지나간 삶에 얽매이는 것은 시간 낭비다. 오지 않는 미래에 대한 두려움, 걱정은 앞으로 나아가지 못하게 사람을 웅크리게 한다. 오직 '지금, 여기' 즉 현재에 충실한 삶을 살아야만 진정한 나를 만날 수 있다. 그래서 단전호흡을 하면 긍정적 마음이 가득해지고 사람을 더 행복하게 만든다.

남편과 불화가 잦았을 때, 내가 먼저 살아야 한다는 마음이 앞서 이기적으로 행동했다. 이기적인 행동은 당연히 화를 불러왔고 몸을 아프게 했다. 몸과 마음이 다 힘들었다. 살기 위해서는 괴로움과 걱정을 놓아버려야 했다. 그랬더니 마음이 편안해졌고 저절로 몸도 좋아졌다. 곰곰이 생각해 보면 그때 나는 이미 명상 치유를 체험하고 있었다.

요즘 건강해 보인다는 말을 자주 듣는다. 아마 얼굴빛이 밝아진 모양이다. 강의를 준비하고 더 잘하려고 노력하는 과정이 신이 난다. 자신감도 생긴다. 국선도 지도하는 것이 나를 살아 있게 하는 것이다. 생각하면 참 잘한 일이다. 이것은 남편도 한몫했다. 누구한테 의지하지 않고 나를 나대로 살아가게 만들어 주었으니까.

환갑이 지난 남편은 오래전에 나처럼 당신을 좀 봐달라고 투덜거리기도 한다. 하지만 휴일에 내가 글을 쓴다고 모니터 앞에 앉아 있으면 '보기 좋네.'라며 칭찬도 해준다. 그리고 밥도 챙겨 준다.

"수업 잘했나? 아이구, 자기 잘하네."

국선도 지도를 마칠 때쯤 전화도 온다. 처음에는 1시간 정도 한 걸 가지고 무얼 그리 칭찬하나 싶었다. 자꾸 들으니 그 말이 힘이 되었다. 고마운 남편이다.

나는 지금의 내가 참 좋다. 할 일이 있어서 또 좋다. 그리고 같이 나이 들어가는 남편이 있어 더 좋다.

4

새벽을 깨우는 사랑

(박명애)

"사랑은 해가 뜰 때처럼 조용히 모든 것을 비춘다."

– 빅터 위고(Victor Hugo)

1990년 즈음 때인 그때의 출근길도 지금과 다르지 않았다. 늘 분주하고 급했다. 유치원까지 거리는 버스를 타고 1시간 넘게 걸렸다. 이른 새벽, 아직 어둠이 가시지 않은 하늘 아래 버스를 기다렸다. 머리 위엔 하얀 조각달이 있었다. 매서운 새벽공기에 발이 시려 동동거렸다.

버스 오는 방향만 바라보던 그때, 저 멀리서 엄마가 걸어오고 있었다. 손에는 보온 도시락이 들려 있었고 국과 밥을 싸 들고 왔다. 새벽녘 출근길에 나선 딸이 마음에 걸렸던 모양이다. 버스가 곧 도착할 상황에서도 밥을 말아 한 숟갈이라도 먹으라고 권했다.

속이 따뜻해야 하루가 든든하다고 말했다. 엄마의 손길을 뿌리칠 수 없어 후루룩 국물을 넘겼다. 끼익 소리를 내며 멈춰 선 버스에 재빠르게 발을 올렸다. 그 도시락은 단순한 밥이 아니었다. 자식을 향한 따뜻한 온기였다. 차창 너머로 점점 작아지는 엄마의 모습이 마음 한구석을 아리게 만들었다. 가는 내내 엄마에 대한 고마움과 미안함이 뒤섞였다.

그렇게 하루가 시작되었다. 아이들을 마주하는 순간 엄마 생각은 까마득히 잊은 채 하루를 지냈다. 엄마는 하루도 빠짐없이 새벽밥을 지었다. 아침을 깨워주는 부엌의 달그락거리는 소리가 알람처럼 익숙했고 정겨웠다. 구수한 누룽지 내음은 엄마의 향기였다.

"밥 먹어야지." 하는 소리는 하루를 지낼 든든한 응원을 건네는 것 같았다.

여름의 시작을 알리는 6월엔 엄마 구순 생신이었다. 가족이 모여 생신 축하를 했다. 후식을 먹으려 카페에 갔다. 무엇을 먹어볼까? 고르는 그 모습이 보기 좋았다. 몸은 힘들어도 마음의 에너지를 가지고 있었다. 오랜만에 적극적인 엄마의 모습을 보았다.

자식을 키울 때도 학구열이 많았다. 머리를 손질해 주면서도 책 이야기를 들려주거나 동요를 불러주었다. 그림 그리기도 함께하였다. 여름 방학이 되면 과수원에서 오이를 따서 얇고 둥글게 썰어 놓고. 대청마루로 자식들을 불러서 얼굴에 오이 마사지를 해주시곤 하였다. 그럴 때면 엄마는 차례대로 눈여겨보았던 일을 찾아내 한명 한명씩 돌아가며 자식에게 골고루 칭찬을 해주었다. 형제간의 우애도 돈독하게 만들었다. 지금 생각해 보면 소통하는 시간을 엄마는 그렇게 온기 가득한 시간을 따로 두었던 것 같다.

얼마 전 운동 삼아 산길을 걷다가 봄 쑥을 만났다. 연둣빛 생명력이 땅 위로 얼굴을 내밀고 있었다.

쑥을 보는 순간 엄마 얼굴이 떠올랐다. 봄 향기를 가득 담은 쑥국을 끓여드리고 싶었다. 쑥을 캐는 내내 엄마와 함께 있는 듯한 기분이 들었다. 찹쌀가루를 물에 풀고 손질한 쑥을 넣었다. 들깻가루를 넣고 끓인 봄 쑥국을 보온용 통에 담았다.

어떤 마음으로 반겨줄까? 엄마에게 향하는 발걸음이 어느 때보다 행복했다. 마치 오래전 새벽 보온 도시락을 들고 버스정류장까지 나와 주었던 엄마의 마음을 되돌려 주는 기분이었다.

이제는 나도 엄마가 되어 큰 산 같은 존재인 두 아들이 있다. 아이들은 종종 이렇게 말했다. 엄마 생각은 하지 않고 자식만 위해 살아간다고. 그 말을 듣고 "대부분 부모는 다 그렇지 않을까?" 하며 답했다.

아침밥 준비로 분주한 나에게, 한번은 바쁜 엄마가 힘들어 보였는지 아들이. 아침밥 안 먹고 오는 아이들이 많다며 안 먹고 가도 된다고 하였다.

성장기 아이들에겐 영양이 중요하였고 아침밥 준비는 나에게 특별했다. 제철에 생산되는 채소와 과일을 준비하고 시장을 보며 아들의 균형된 영양을 골고루 챙기려 애썼다. 뒷정리하고 바쁘게 출근하는 엄마를 보고 아들은 도움을 주고 싶어 나름의 방식으로 생각했던 것 같다.

 오래전 엄마의 새벽 도시락을 떠올린다. 그 따뜻한 사랑의 시작은 나에게 이어졌고 나도 우리 아들에게 그대로 전해주는 것 같다. 이제 장성하여 직장을 다니고 결혼하면 언젠가 내 품을 떠나겠지.
 붙잡을 것과, 놓아줄 것, 그 경계에서 나는 여전히 엄마의 마음을 깨우치고 있다.
 사랑은 때로는 밥 한 숟갈로, 때로는 쑥국 한 그릇으로도 전해진다. 그 마음은 세월을 넘어서도 비껴가지 않고 고스란히 흐른다.
 엄마의 도시락은 단순한 식사를 넘어 밥 한 끼에 부모의 모든 사랑이 일축되어 있었다. 나 역시도 이른 새벽 준비하는 밥은 엄마 따라 사계절의 사랑이 다 들어 있다.

 이제껏 엄마의 애틋한 사랑에 대해 붙잡아야 할 것들을 쫓아가기만 했던 지난 종종걸음들이 한편에는 놓치고 싶지 않은 나를 바라보게 하는 거울이 되었다. 동시에 놓아줄 수 있는 마음이 나의 두 아들에게로 이어지며 긴 호흡으로 안정이 되어간다. 도시락 속 따뜻한 사랑은 온기로 이제는 민들레 홀씨처럼 나눠 줄 수 있을 것 같다.

5

애씀에서 쉼으로

(박영희)

"쉼 없는 노력은 불행을 부른다. 쉬는 것도 용기다."

- 오프라 윈프리(Oprah Winfrey)

나의 하루는 분주함과 세심함으로 시작된다. 정리 정돈되어 있어야 마음이 놓인다. 물건이 제자리에 있지 않으면 불편하고 신경 쓰인다. 가족을 돌보고 알뜰살뜰 살림 챙기는 일을 좋아한다. 손에서 무언가를 놓지 않고 바쁘게 움직이는 것이 일상이었다. 그렇게 사는 게 익숙하고 당연했다.

집 안팎을 오가며 가족의 필요를 살폈다. 정리하고 고치며 다듬는 일에 기쁨과 보람을 느꼈다. 그러다 보니 손은 쉴 틈이 없었다. 열 가지 일을 하는 손, 나뭇잎처럼 연약해진 그 손을 쉬게 해주어야 했지만 그럴 수 없었다. 내 손이 있었기에 지금껏 뭐든 해낼 수 있었다.

하지만 어느 날부터, 내 몸이 신호를 보내기 시작했다. 작년부터 왼손 손가락 마디마디가 조금씩 부어오르기 시작했다. 아침이면 주먹도 제대로 쥐어지지 않았다. 오십견으로 팔을 들어 옷 입는 것도 어려워졌다. 손가락 마디가 쑤셨고 어깨와 팔꿈치는 자주 뻐근했다. 무언가를 들거나 움직일 때마다 "아야…" 하는 소리가 절로 나왔다. 나도 모르게 찡그린 얼굴로 하루를 시작했다.

몸이 아프니 짜증도 늘었다. 가족과 다투는 일도 잦아졌고, 사소한 일에도 예민해졌다. 가족들이 강요한 것도 아닌데, 스스로 좋아서 한 일인데도 가족들을 향해 화풀이하는 나 자신을 발견했다. 밖에서는 늘 웃으며 아픈 기색을 숨겼지만, 가장 가까운 가족 앞에서는 마음껏 내 감정을 드러냈다. '이게 나인가?' 싶을 정도로 낯선 모습이었다. 몸이 보내는 신호 앞에서 나는 처음으로 무력감을 느꼈다.

'내 몸이 이럴 리 없어.'라는 부정과 "이제는 받아들여야 하는 건가." 하는 체념이 교차했다. 병원 대기실은 내 일상이 되었고, 더는 몸보다 일이 앞서는 삶을 살 수 없음을 인정해야 했다. 앞으로 살아갈 날도 많은데 아픔을 견디며 버텨내는 삶은 내 것이 아니었다.

나는 '붙잡을 것'과 '놓아줄 것'을 새롭게 정리하기 시작했다. 예전에는 더 많은 일을 완벽하게 해내는 게 좋았다면, 이제는 나 자신을 돌보는 시간이 그만큼 소중하다는 걸 알게 되었다.

나이가 젊을 때는 하룻밤 자고 나면 가볍게 아침을 맞이할 수 있었다.

이제는 그것도 쉽지 않다. 노화의 무게가 피부로 와닿는다. 생각과 달리 몸이 마음처럼 쉽지 않다.

작년 건강검진에서 비만, 고지혈증, 위염 우려 등의 결과를 받았다. 이곳저곳에서 나이 듦의 흔적이 나타나기 시작했다. 장기간 투약과 검사가 겹치는 상황도 발생했다.

병원에서 반복되는 의사 선생님의 말씀은 "매일매일 운동하세요."였다. 불안함에 운동을 시작했지만, 작심삼일이다. 어떤 때에는 한 달, 그나마 서너 달이면 포기해 버렸다. 핑계와 이유로 운동 순위는 늘 밀려나게 되었다. 여러 차례의 작심삼일을 되풀이해 보며 지금도 운동하겠다는 의지를 놓지 않으려고 노력한다.

S그룹 회장의 죽음은 모두에게 경각심을 주었다. 돈이 아무리 많아도 건강을 잃으면 아무것도 할 수 없다. 그러나 우리는 금방 잊고 몸을 홀대하기 일쑤다. 내 몸이라고 내 마음대로 해도 된다는 착각을 한다. 늘 긴장 속에서 살다 보니 몸을 편안히 내려놓기 어려웠던 시간이 수두룩하다. 생각이 많은 날은 잠을 자면서도 긴장 한 채로 자고 일어났다. 아침이면 몸의 근육이 아픈 날이 많았다.

'몸'과 '맘', 한 획순 차이인데도 맘먹기가 쉽지 않다. 가장 많이 고생하는 건 내 몸인데, 집안일과 인간관계에 정성과 시간을 쏟으면서 내 몸 관리는 허술했다.

그러던 중 '마음 챙김 명상'을 만났다. 바디 명상은 몸 하나하나에 집중하게 하고, 호흡 명상은 숨쉬기 자체에 몰입하게 했다. 먹기 명상은 물 한 모금을 천천히 음미하는 일이었다. 명상은 비우고 내려놓는 연습이었다. 내 몸의 신호를 알아차리고 내 마음의 공간을 다시 찾는 길이었다. 작은 것에 감사하고 만족할 때 건강도 따라온다는 사실을 새삼 느꼈다. 명상에서 나를 찾고 다스리는 방법을 배웠다.

마음 챙김 명상은 판단하지 않기, 내려놓기, 비우기, 한 가지에만 집중하기로 이어졌다. 마음 비우기를 통해 나를 찾아보고 내 몸을 알아차릴 기회를 주었다. 내 몸에 반응하는 법을 찾아보기도 했다.

요즘은 이른 아침 '몸공(몸이라 쓰고 맘이라 읽는다는 몸 공감)'을 한다. 가벼운 스트레칭, 유산소와 무산소, 운동으로 하루를 시작했다. 리더의 안내에 따라 사람들과 함께 몸을 움직이고, 내 몸의 감각에 집중한다. 집 근처 필라테스 센터에도 등록했다. 건강을 위해 이것저것 다 해보려 노력하고 있다. 이제는 몸의 작은 신호에도 귀 기울인다. 꾸준하게 관심 가지고 관리를 하니 피곤함이 줄어들었다. 늘어져 있던 몸에 힘이 넘치기 시작했다. 침대에서 보내는 시간보다, 걷거나 운동하는 시간이 많아졌다.

움직이면서 쉬고, 쉬면서 회복되는 이 시간이 하루 중 가장 소중하게 느껴졌다. 그동안 내가 얼마나 내 몸을 혹사해 왔는지, 새삼 부끄러운 마음이 든다. 예전보다 나이는 들었지만, 마음은 더 차분해지고 중심을 잡게 되었다. 책을 읽고, 글을 쓰며 나 자신을 돌보는 시간을 누린다. 예전엔 하루하루를 가족을 위해 쏟아부었다면 이제는 나를 돌보는 데 애정을 기울이고 있다. 그 무엇보다 값지고 기쁜 변화다.

정년퇴직 제도의 의미가 이제야 이해된다. 충분히 애쓰고 달려왔으니, 이젠 나를 아껴주고 돌봐야 할 때다.

붙잡아야 할 것은 '나 자신'이고, 놓아주어야 할 것은 '무리하게 애쓰던 완벽주의'였다.

아픔 덕분에 나는 비로소 멈출 수 있었다. 그 멈춤 속에서 쉼을 배우고 건강을 다시 만났다. 오늘도 나는 한 걸음씩, 여유 있고 멋진 나이 듦을 향해 나아가고 있다.

6

비워낸 자리에서 피어난 나
(박윤주)

"그릇은 비어 있어야 쓸모가 있다."
- 노자

 80년 가까이 '삶의 무게'를 안고 살아왔다. 참으로 긴 세월이었다. 스물아홉에 시집와 대가족 시댁 식구들을 위해 살았다. 결혼 2년 차에 남편 건강에 문제가 생겼다. 갑작스러운 병 앞에 정신이 번쩍 들었다. 수술 후에는 절대적인 보살핌이 필요했다.
 "여보, 우리 시댁에서 나가 살아요. 당신 건강부터 챙기고 싶어요."
 두 해를 함께 지낸 시댁에 작별을 고하고, 남편 직장 가까운 곳에 단칸방을 얻었다. 그 방은 작고 불편했지만, 마음만은 따뜻하고 평화로웠다. 시할머니의 도움 덕분에 안심하고 유치원 교사로 직장에 전념할 수 있었다.

건설업에 종사하는 남동생에게 아는 후배가 유치원 분양 소식이 있으면 알려달라고 부탁했다. 몇 개월 후 남동생이 유치원 분양을 알려주었지만, 후배는 자금 부족으로 포기했다. 내 마음 한편에서 '내가 한번 해 볼까?' 하는 용기가 고개를 들었다. 남편도 흔쾌히 응원해 주었다. 두 학급짜리 작은 유치원을 시작했다. 한 학급만 맡았던 교사가 운영자가 되기까지 두려움과 불안은 컸다. 나는 '책임자의 삶'을 살며 모든 무게를 감당해 왔다. 엄마와 아내, 기관의 원장이었다. 언제나 내가 앞장섰다. 나서지 않으면 일이 풀리지 않을 것 같은 불안 속에서 살았다. 누군가에게 맡겨도 될 일들이었지만, 결국 다시 내 손으로 돌아오곤 했다.

그런 삶이 습관으로 되었다. 무엇이든 내 손에 있어야 안심이 되었다. 그것을 책임감이라 여겼다. 그런데 문득 거울 앞에 선 나는 너무도 희미한 모습이었다. '엄마', '원장님', '집사람'이라는 이름 뒤에 가려져 정작 나 자신은 보이지 않았다. 내가 좋아하는 것, 내가 웃는 순간이 언제였는지 기억나지 않았다.

"이제는 내려놔야겠다." 먼저 유치원의 일들을 관리자에게 맡기는 연습을 했다. 중간관리자가 나보다 더 유치원의 일을 만족하게 처리해 나갔다. 그녀는 개인의 생활보다 유치원 일에 더 전념했다. "그래, 내가 아니어도 되는구나." 후련함과 편안함의 한숨이 흘러나왔다.

수십 년간의 습관을 버리기란 쉽지 않았다. 하지만 막상 내려놓고 나니 마음이 한결 가벼워졌다.

오랜 시간 나를 조여 왔던 끈이 느슨해지면서 숨이 쉬어지는 듯한 해

방감이 밀려왔다.

요즘 나는 책을 읽는다. 책장 너머에서 들려오는 문장 하나하나가 내 마음을 두드린다. 그 속엔 내가 놓쳤던 마음의 목소리들이 흐르고 있다.

책을 읽는 시간만큼은 어떤 역할과 책임도 내려놓은 순간이다. 독서 모임에서 왕언니다. 빠지지 않고 참여한다. 한 달 한 권의 책을 읽고 그날 읽은 것을 본 것, 느낀 것, 적용할 것들을 공유한다. 한 달에 한 번씩 함께 모여 토론하며 작가와 내용에 대해 웃고 감동하며 즐거움을 만끽하고 있다. 그 시간이 좋다. 책을 열심히 읽고 있지만 요즘 젊은이들의 표현력을 배우고 감탄한다. 요즘은 나도 많은 표현을 하고 있다. 그런 내가 놀랍다. 책 속에서 헤세를 만나고 괴테도 만나며 나를 알고 배우는 시간만큼 값진 시간이 없다. 코칭 공부도 하고 있다. 코칭은 타인을 이해하려고 시작했지만 결국은 나 자신을 더 깊이 들여다보게 되었다. 코칭은 나를 알고 타인을 바라보며 스스로를 알아갈 수 있도록 답을 찾게 도와주는 활동이다. 정신분석 강의도 듣고 있다. 내면의 결을 천천히 살피며 내가 어떤 사람인지, 어떤 상처와 힘으로 살아왔는지를 알아간다.

무작정 여행을 떠나고 싶은 날도 있다. 바다가 보고 싶은 날엔 바다로 가고, 걷고 싶은 날엔 조용한 골목으로 아무런 목적 없이 걷고. 단지 내가 원하는 길을 따라가는 여행이면 좋겠다. 내려놓고 나니 붙잡고 싶은 것들이 더욱 선명하게 보이기 시작했다. 의무가 아니라 기쁨으로 시간을 채워가고 싶다.

무언가를 이루기 위한 목적보다 그냥 단지. 내가 선택한 방식으로 해보고 싶어서다. 공부하지 않아도 괜찮고 여행을 가도 좋고 그냥 혼자 산책을 해도 충분하다.

여든의 나이에 접어든 이 시간, 오히려 지금 가장 나답게 살고 싶은 마음이 간절하다. 그동안 나를 지탱해 준 무게만큼 배웠다. 덕분에 무엇을 선택하고 무엇을 놓아야 할지 아는 사람이 되었다. 이제 나는 확실히 내려놓는다. 그리고 기꺼이 붙잡는다. 나를 웃게 하는 것들, 나를 자유롭게 만드는 것들을. 이제 내 삶은 '해야만 하는 일'이 아닌 '하고 싶은 일'로 향하고 있다. 비워낸 자리에서 나는 다시 피어난다.

7

나와 너의 사춘기

(윤보연)

"모든 아이는 어른이 되고, 모든 어른은 다시 아이가 된다."

– 플라톤(Platon)

차분하고 온화한 사람처럼 보이고 싶어 했다. 내 안에는 질투심, 노여움, 열정, 오만함 같은 뜨거운 감정들이 불덩이처럼 자리하고 있었지만 드러내는 것이 두려웠다. 내가 보이고 싶은 모습만 보여 주려 애쓰며 주변 사람들에게 좋은 사람으로 인정받고 싶었다.

그렇게 내가 되어야 할 모습에 집착하고, 있는 그대로의 나를 외면했다. 감정을 포장하고 타인의 시선에 맞춰 나를 조율하였다. 그런 마음이 치유되지 않은 채 결혼했고 아이를 낳았다.

겉으로는 안정된 삶을 사는 것처럼 보였지만 외면당한 감정들이 불씨처럼 남아 있었다. 감정은 억누른다고 사라지지 않았다. 오히려 더 깊은 곳에서 나를 흔들고 있었다. 괜찮은 아내, 좋은 엄마라는 또 다른 가면을 쓰고 있었다.

 첫째 아이를 키우던 시절, 내가 옳다고 믿는 방식이 있었다. 아이에게 어떤 환경을 제공해야 하는지, 어떤 말투로 대하여야 하는지, 어떤 감정을 보여줘야 하는지 나름의 기준이 있었다. 그 기준을 지키려 애썼다. 그때는 부모 역할에 확신이 있었다. 시간이 지나면서 그 확신이 내 안의 불씨를 더 자극하는 요소가 됐다. 내가 정해 놓은 방식에서 벗어나는 상황이 생길 때마다, 억눌러왔던 감정이 고개를 들었다. 아이에게 화를 내진 않았지만, 내면의 불안은 얼굴과 내 목소리 등으로 드러났다. 여전히 내 모습 그대로를 인정하지 못한 채 '좋은 엄마'라는 역할에 나를 가두고 있었다.

 큰 딸아이는 중학교 2학년인데 화장을 열심히 한다. 화장품으로 화장대를 가득 채운다. 유튜브를 통해 화장법을 배운다. 화장을 다 끝내고 나면 다른 사람이 된다. 그런 아이를 보는 것이 불편했다. 어린 나이에 진한 화장을 한다는 것이 마음에 들지 않았다. 사춘기라 자아를 찾아 방황하고 있는 아이는 자신이 어떤 모습이든 있는 그대로 받아들여 주기를 바라고 있다. 어쩌면 첫째는 자기만의 가면을 화장으로 선택했는지도 모른다. 내가 선택한 가면은 생각하지 않고 내 아이가 선택한 가면은 너무 과하다고 생각했다.
 큰아이를 아직도 내 품 안에 있는 것으로 착각한다. 많이 놓았다고 생각했는데 한 번씩 가슴이 무너질 때가 있다. 키우면서 유일하게 바랐던 것이 사춘기를 힘들지 않게 보내는 것이었다. 엄마인 나는 평생이 사춘기 같아서 내 아이는 잘 지나가길 바랐다.

그동안 책도 읽고 육아 공부와 상담 공부도 했다. 내 머리에는 지식이 가득 차 있었다. 알고 있는 것에 비례해서 육아에 대한 확신도 올라갔다. 그러나 너무 큰 기대를 했기에 실망도 컸다. 내가 겪는 일이 세상에서 제일 슬픈 일로 느껴질 때가 많았다. 너무 힘들어 못 살겠다 싶은 생각이 들 때도 있었다.

아이와의 관계는 팽팽한 줄다리기 같았다. 그 과정에서 나의 불안과 고집이 모습을 드러냈다. 내게 필요한 것은 아이의 성장을 위해 필요한 시행착오를 기다려 줄 수 있는 마음의 여유였다. 아이의 표현이나 행동이 서툴다는 것을 인정하지 못했다. 나도 오랜 시간 방황하면서 알게 된 것을 내 아이는 일찍 알아차렸으면 하는 욕심이 올라왔다.

결국, 내가 놓아야 할 것은 아이가 아니라 아이를 통제하고 싶어 하는 나의 마음이었다. 아이의 마음을 읽기보다는 내 방식대로 조용히 누르고자 했던 것 같다. 딸이 이 글을 언젠가 읽는다면 너를 이해하지 못했던 시간 동안 엄마도 아팠다는 걸 알아주면 좋겠다. 내 아이가 어떤 모습이든 괜찮다고 말해주고 싶었는데 그게 그렇게 힘이 들었다.

부모가 되어 보니 비로소 부모의 마음을 조금 알 것 같다. 어릴 땐 몰랐다. 아버지의 불안, 어머니의 걱정을 '간섭'이라 여겼다. 자식을 낳고,

길러봐야 부모의 마음을 이해할 기회를 얻는 것 같다. 부모님이 얼마나 노심초사하면서 우리를 키우셨을지 가늠하지 못하고 철없이 부모님을 원망했던 적도 있었다. 내 자식과의 관계가 힘들어지고 나니 부모님이 내게 주셨던 사랑이 더 크게 다가왔다. 최근까지도 어린 날의 기억에는 섭섭함만 가득했었다. 이제는 부모님께 받았던 사랑이 내 마음을 가득 채운다. 그 사랑이 있었기에 지금의 내가 있을 수 있다는 것을 다시 한번 확인한다. 내 삶에서 붙잡아야 할 것은 부모님에 대한 사랑과 존경이다.

작년부터 큰딸은 내 손을 격하게 뿌리치기 시작했다. 우리는 치열하게 싸우면서, 서로의 거리를 찾고 있다. 아이가 부담스럽지 않으면서, 나도 덜 서운한 적당한 거리를 찾아가는 중이다.

최근 전소영 작가의 『적당한 거리』라는 그림책을 만났다. 잎이 시들면 잘라내고, 물이 필요할 땐 주되 과하게 주지 않는다. 햇빛은 필요하지만, 너무 뜨거우면 그늘도 있어야 한다. 가만히 들여다보면 식물들도 각기 다 자라는 속도도, 반응하는 방식도 다르다. 아이도 마찬가지다. 부모인 나와 같지 않다. 어떤 면에서는 낯설고 당황스럽기까지 하다.

'왜 이렇게 예민하지?'

'내가 말하는 대로 따라주면 좋을 텐데….'

이런 마음이 들 때마다 다름을 인정하고, 그다음에 맞춰주어야 한다. 억지로 끌고 가지 않고, 스스로 자랄 수 있도록 지켜주는 일이 필요하다. 식물을 잘 키우는 사람들은 말한다. "식물이 알아서 자랄 수 있도록 도와주는 것." 그 말이 이렇게도 깊은 뜻을 품고 있을 줄 몰랐다.

육아도 마찬가지였다. 내 방식대로 끌고 가는 것이 아니라, 아이가 자라날 수 있는 환경을 지켜주는 것이었다. 아이가 자신의 뿌리를 내릴 수 있도록 조용히 옆에 서 있는 것. 그것이 돌봄이고 사랑이었다. 이 깨달음을 큰딸이 열다섯 살이 되어서야 깨달았다. 내 아이를 진심으로 받아들일 수 있는 엄마가 되어가는 중이다.

적당한 거리는 한발 물러서서 기다리는 용기다. 식물도 아이도 그리고 나 자신도 숨 쉴 공간이 필요하다. 적당한 거리는 우리를 서로 더 따뜻하게 만든다.

사춘기를 겪는 딸을 바라보며 내 안의 오래된 사춘기를 보내고 있다. 아이와 함께 부딪히며 토라지고 다시 가까워지며 서로를 있는 그대로 받아들이는 법을 배워간다. 우리는 같이 성장하고 있다.

나의 마흔여덟 살 사춘기는 너의 열다섯 살 사춘기와 마침표를 함께 찍고 싶다.

8

구절초가 피어 있는 길 위에서
(이희정)

"사실 모든 생명은 분열과 모순을 통해 풍요로워지고 꽃을 피운다."

- 헤르만 헤세(Hermann Hesse)

남들보다 늦은 시간, 같은 길을 따라 출근한다. 처음엔 "새 선생님이 올 때까지만 도와줘."라는 친구의 다급한 부탁으로 시작된 일이었다. 3년이 지나 여러 일 중에서 독서학원 강사가 나의 주업이 되어버렸다. 나의 자동차 애칭 "푸돌이"를 타고 30여 분간 달리는 신천대로가 좋았다. 출근하는 길은 하늘이 푸르고 구름은 하얗게 피어올라 마치 여행을 떠나는 느낌을 들게 했다. 낯선 곳에서 아이들과 매일 재미있는 책 이야기를 하는 것이 즐거웠다.

5월이 되면 100여 미터 넘게 구절초가 가득 피어 있는 구간이 있다. 파란 하늘과 함께 만들어내는 하얀 몽롱함이 특히 좋았다.

아무 인연도 없는 칠곡이란 곳으로 나를 이끌었던 독서학원 원장은 내 친구다. 친구와 우연히 출근길의 구절초 이야기를 나누었다. 나처럼 그 길을 좋아한다고 했다. 그러고 보니 친구에게 구절초같이 순수하고 순박한 기운을 느낀다. 다른 이에게 편안함을 주는 바로 그 꽃, 구절초 같은 사람이었다.

우리는 그 길을 공유했다는 사실이 특별하게 여겨졌다. 그 이후로 독서학원에 파트타임 강사에서 고정강사로 일하게 되었다.

친구 학원에 가기 전에는 주 2, 3회 일하는 프리랜서 강사로 만족하고 있었다. 10년 넘게 전업주부일 때 알지 못했던 '엄마'이자 '일하는 여성'으로 한참 신나 있었다. 독서학원 강사 일을 더 한다고 했을 때 집 안팎에서는 지금 하는 일에 충실하라며 마땅치 않아 했다. 새로운 도전을 하고 싶었다. 수입이 가져다주는 자유도 좋았다. 하지만 결정적으로 친구가 있는 독서학원은 평온함과 안정감이 있었다. 오래전 주부였을 때, 두 딸아이를 가르치고 기르면서 나를 달달 볶고 있었다. 나 자신을 아무렇게나 던져놓고 있을 때, 손 내밀며 마음공부 해보자고 해준 사람이 바로 그 친구였다. 그때 함께한 공부가 문학 치료이다. 그것이 나를 세상 밖으로 나오게 한 계기가 되었다. 포티아 넬슨의 시 구절처럼 난 깊은 구덩이에서 빠져나오는 데 오랜 시간이 걸렸지만 나올 수 있게 사다리를 건네준 사람이 그 친구였다.

친구는 능력자였다. 친구가 운영하는 독서학원은 눈에 띄게 성장하고 있었다.

나도 신이 났고 보탬이 되어 뿌듯했다. 주변에서는 네 일을 하다 말고 갑자기 학원 일이냐며 안타까워했다. 아랑곳하지 않았다. 아이들과 보내는 시간이 보람 있었다. 무엇보다 그 친구와 함께 만들어가는 독서학원의 변화와 발전이 내 것처럼 즐거웠기 때문이었다.

2년이 지난 어느 날, 친구는 현재 학원을 다른 사람에게 인계하고 자신은 더 큰 학원을 인수하기로 했다고 알렸다. 불행하게도 그 말은 전하는 친구에게서 나는 '친구'가 아니었다. 자신이 고용한 강사에 불과했었다. 그 순간 깨달았다. 십수 년을 친구로서 잘 안다고 생각했다. 그날 서로를 향한 마음이 같지 않았다는 것을 깨달았다. 나는 친구를 따라가고 싶었던 것 같다. 그런데 친구의 새 학원에 내 자리는 없었다. 함께 가자는 말도 없었다. 오히려 새 원장의 업무 적응을 위해 현 강사의 6개월 의무 근무가 인수조건이었다고 했다. 비록 프리랜서 강사였지만 친구와 함께하고 싶어 다른 수업 제안도 거절했다. 지인과 가족의 걱정도 무시했던 나였다. 내 마음은 섭섭함에서 점점 야속함으로 변해갔다.

그 친구는 내가 갇혀 있던 구덩이 속으로 사다리를 던져준 사람이었다. 문학 치료 공부를 끝까지 할 수 있게 응원해 준 동료였다. 나는 기회만 나면 고맙다고 하였고, 사람들에게도 나의 은인이라고 공공연하게 자랑했었다. 그런데 그것이 불편했단다. "나는 언니를 도와준 것이 없어. 언니가 그 얘기를 할 때마다 실은 불편했어."라고.

우리가 주고받은 마음의 크기와 방향이 달랐다.

슬펐다. 내 삶의 한 페이지가 부정당하는 느낌이었다. 그렇게 친구는 떠났고 나는 그 독서학원에 아직 남아 있다.

그 친구를 이제 보지 않는다. 아니, 볼 수 없게 되었다. 우리는 헤어졌다. 벌써 1년이 넘었다.

올해 5월 구절초가 가득 핀 그 길을 지나가는데 친구가 생각났다. 친구가 없는 그곳을 출근하면서 일부러 생각지 않으려 애썼다.

어느 날 우연히 우리가 함께 있던 카카오톡 단체방에 그 친구가 나간 것을 알게 되었다. 나와 나눈 개인 톡방도 찾아보았다. 아직 나가지 않았다. "Y야, 구절초가 또 피었어. 오늘 지나가는데 네 생각이 났어. 잘 지내지."라고. 문자를 보내고 싶었지만, 용기 내지 못했다. 혹여나 나의 문자에 답장할까 봐, 읽고도 답장을 하지 않을까 봐. 마음속으로 편지를 쓰고 지우고 또 썼다.

"잘 지내니? 잘하고 있는 거지? 괜찮은 거지? 정말 괜찮은 거지?" 나도 모르게 중얼거리고 있었다.

우리는 아이들의 학교 학부모 봉사팀이었다. 동네 친구였고, 문학 치료 동료, 독서학원 선생님이었는데 이젠 아무것도 아니다. 관계는 끝났지만, 기억은 남아 있다.

다시는 함께 걷지 못할 사람을 담은 채 구절초가 핀 길을 지나다닌다.

바람은 꽃잎을 흔들고 나는 그 길을 스쳐 지나며 묻고 또 묻는다. 함께 걸었던 시간은 사라졌지만, 따뜻했던 말들만은 끝나지 않은 이야기처럼 내 안에 머물러 있다. 어쩌면 어떤 관계는 놓아야 더 깊이 남는 것일지도 모른다. 잡고 있을 때는 몰랐던 따뜻함이 놓은 뒤에야 비로소 가슴을 울리는 것일지도 모르겠다.

함께 달리던 시간은 사라졌지만, 하얀 꽃길은 아직 끝나지 않은 이야기처럼 내 안에 머무르며 언젠가 다시 피어날 것이다. 아팠지만 다시 꺼내 볼 수 있는 기억이 있다는 것, 그것만으로도 그 계절은 아름다웠다고.

덧붙이는 말 : 이 글을 쓰면서 알게 되었다. 구절초는 9월에서 10월 사이에 피는 우리 국화라고 한다. 나와 그 친구가 좋아한 '구절초'는 여름 구절초라 불리는 샤스타데이지로 5, 6월에 피는 서양 국화다. 샤스타 데이지가 피면 여름이 시작된다고 한다. 그래서 햇빛 아래에서 찬란히 빛이 났나 보다. 구절초가 아니라는 사실을 알고 있을까.

우리의 만남도 한때는 구절초였지만 이제는 꽃의 다른 이름처럼 서로 다른 시간을 보내고 있다.

9

기다림의 온도

(전향연)

"모든 것이 제때에 온다. 기다릴 줄 아는 자에게."

– 레프 톨스토이(Leo Tolstoy)

사람과 사람 사이의 관계는 줄다리기와 같다. 가까워지면 조심스러워지고, 멀어지면 궁금해지고 그리워진다. 그녀와 나는 그런 마음의 줄을 사이에 두고 오랜 시간 함께 했다.

처음 만난 건 20대 초반, 유아교육 현장에서였다. 같은 직장에서 아이들을 바라보는 마음과 교육에 대한 생각을 나누며 가까워졌다.

당시만 해도 결혼한 여성이 직장 생활을 지속하기란 쉽지 않았다. 아이를 낳고 돌보며 가정에 충실한 것이 '여성의 도리'처럼 여겨지던 시대였다. 하지만 우리가 몸담았던 J 유치원은 달랐다. 열정을 가진 사람이라면 누구든지 기회를 얻을 수 있는 열린 공간이었다.

그 중심에는 K 원장님의 철학이 있었다. 교회 장로이기도 했던 그는

"결혼해도 여성이 사회에서 중요한 역할을 할 시대가 올 것이니 미리 준비하라."라며 격려하였다. "하고자 하면 세상에 안 되는 일은 없다."라는 말은 지금까지도 마음에 남아 있다. 그 덕분인지 그녀와 나는 결혼 후에도 교육 현장을 떠나지 않았고 유아 교사의 길을 함께 걸어왔다.

그녀는 원장님의 신뢰에 부응하듯 누구보다 성실하고 적극적인 교사였다. 그림 그리기, 음악 지도, 동화 들려주기, 아이들과의 대화 등 다방면에서 뛰어났다. 그녀의 열정은 빛났다. 그녀를 닮고 싶었다.

그녀를 지켜보면서 생각의 폭이 넓어졌다. 이전까지는 우물 안 개구리처럼 살았던 내가 아이들을 가르치는 일을 통해 점점 더 성장하고 있었다.

그녀 덕분에 직장 생활은 생기를 띠었다. 아이들이 무엇을 좋아하고 어떤 활동을 즐기는지, 어떤 교육환경이 필요한지에 대해 함께 고민했다. 시간은 하루하루를 설렘으로 채워졌다. 가르치는 일의 진정한 의미도 조금씩 깨달았다. 때때로 그녀의 엉뚱한 행동에 힘들었던 시간도 있었다. 퇴근을 앞두고 갑작스럽게 창고 정리나 교실 환경 정비를 시작했다. 그것이 불편했던 적도 많았다. 그 모든 것들은 아이들을 위한 준비였기에 속상한 마음을 누르고 마무리했다. 늦은 퇴근이지만 함께 웃으며 일하는 시간이었다.

그녀는 나를 견인한 사람이었다. 지금까지 유아교육 현장에 머물러 있는 것도 그녀의 영향이 크다.

40년째 만나고 있다.

최근 그녀와의 만남이 부담스러워졌다. 가장 큰 이유는 약속을 어긴다는 점이었다. 약속이라는 건 서로에 대한 신뢰와 책임이다. 그녀는 이런저런 이유로 약속을 미룬다든지 갑자기 취소했다. 그것도 시간이 임박해서 알려준다. 처음엔 이해하려 노력했다. 반복되다 보니 마음이 상했다.

'내 시간은 그저 아무 의미 없다는 것인가?' 하는 씁쓸함도 들었다.

익숙한 핑계에 화도 내보고 잔소리도 해봤다. 하지만 상처받는 건 나였다.

퇴임한 유치원 교사들과 모임이 있었다. 식당에서 만나기로 약속을 잡았다. 그녀는 유치원에서 하던 일이 있어서 늦겠다는 연락이 왔다. 우리끼리 이야기를 나누고 식사를 먼저 하였다. 2시간이 흘렀다. 이제 우리도 헤어져야 할 시간이라 전화 연락했다. 오고 있다며 기다리라고 한다. 하지만 길을 헤매다 결국 더 늦어졌고, 당황한 나머지 교통사고까지 내고 말았다. 우리는 사고가 난 곳으로 달려갔다. 그날의 모임은 왠지 우리가 잘못한 것 같고 미안했다.

얼마 전 일이다. 손녀 탄생을 축하해야 한다며 조리원에 입원 중일 때부터 말했다. 요즘은 신생아 면회가 가족 외에 허용되지 않는다는 병원 규칙을 설명했다.

그런데도 축하하러 가야 한다고 입장을 굽히지 않았다. 백일이 지난 후 아기와 산모를 만나자고 했다. 축하해주는 것은 좋으나 방문에는 부담이었다. 그녀는 늘 과일이나 상품권 같은 걸 잊지 않고 챙겨주었다.

그 정성스러운 마음이 고마우면서도, 왠지 모르게 미안해서 외면하고 싶은 마음이 컸는지도 모르겠다.

백일이 다가올 때쯤 며느리가 초대하겠다는 연락이 왔다. 그녀의 시간에 맞추어 목요일 12시에 점심 약속을 하였다. 그런데 약속 당일 집 앞 정원에서 하던 일이 늦어져 오후 2시로 미뤄야겠다고 연락이 왔다.

그녀는 방향 감각이 없어서 익숙한 길도 자주 헤맨다. 주소를 알려주었음에도 전화가 왔다. 목적지에 도착할 때까지 전화를 끊지 않았다. 서로 불안했기 때문이다. 도로에 보이는 상호를 이야기하며 우회전, 좌회전, 직진을 외치며 안내했다. 어렵게 찾아왔다. 기다리며 지치고 나의 에너지도 소진 상태였다.

우리는 주차장에서 만나 며느리에게 연락할 틈도 없이 30분 일찍 집으로 들어갔다. 며느리와 아들이 당황한 채 허둥지둥 움직여 손님맞이에 나섰다. 우여곡절 끝에 식사는 무사히 끝났다. 음식도 맛있었고 차려진 밥상에 놀라기도 하며 웃음꽃이 피었다.

매번 시간에 대한 개념 없이 행동하는 그녀에게 속상했다. 다른 일들은 철두철미하고 완벽한 사람인데 유독 약속은 이런 식이다. 도무지 약속에 대한 것만큼은 이해할 수가 없다.

약속이란 단순한 시간이 아니라 마음을 지키는 행위다. 마음이 빠진 약속은 반복될수록 나만 지치게 된다. 시간을 지킨다는 건 단순한 예의가 아니다. 상대에 대한 존중이며 배려다.

더는 기대하지 않고 서운해하지 않기로 했다. 그녀의 시간 개념에 집착하기보다 나의 기준을 바꾸기로 했다. 기대도 서운함도 집착도 내려놓고 나서야 그녀와의 인연은 존재하는 것으로도 편안하게 돌아왔다.

여전히 그녀를 좋아하고 사랑한다. 나에게 많은 가르침을 준 소중한 동료이자 스승이다.

가끔은 나 역시도 일상생활에서 약속 시각을 맞추지 못할 때가 있다. 생각해 보면 내가 하면 로맨스, 남이 하면 불륜이다. 정작 나도 약속을 어기면서 그녀의 지각에는 쉽게 불편함을 느낀 것이다.

내가 지키지 못한 시간을 떠올리며 그녀를 탓했던 마음이 부끄러웠다.

완벽한 사람도 어딘가 느슨하고 느슨한 사람도 어딘가 단단하다.

이상적인 관계란 기준을 맞추는 일이 아니라 서로를 이해하며 조율해 가는 편안한 사이다.

10

시작할 기회

(조정옥)

"인생은 당신이 두 번째 삶을 살고 있다고 깨달을 때 비로소 시작된다."

- 콜린 윌슨(Colin Wilson)

2013년 계명대학교 정책 대학원 가족상담학과에 입학했다. 남편이 운영하는 체육관 일을 도우며 야간으로 학교를 다녔다. 동기들은 학습지 지부장, 우체국 직원, 상담학 전공을 한 목사님도 있었다. 여섯 명이 동기였다. 새로 만나는 사람들과 공부와 만남도 재미있었다.

그러던 어느 날, 친구에게서 유방암 진단을 받았다는 전화가 왔다. 수술 후 안정을 취하고 있다며, 나에게도 검사를 받아보라고 권했다.

유방암 검사를 해 본 지 7년이 지났다. 'L 외과의원'에 가서 검사하였더니 아이코! 유방암 2기 초기였다. 친구는 1년 전 서울 S 병원에서 수술했다. 친구의 추천으로 그 병원에 갔다. 수술 대기 환자가 많아 한 달을 기다려야 수술할 수 있었다.

유방을 어떻게 할 것인가 결정하여야 했다. 잘라낼 것인가? 아니면 성형하여 복원할 것인가?

성형하지 않으면 항암치료만 하고 방사능 치료는 하지 않아도 되었다.

여자로서 갈등이 심하게 왔지만, 유방을 잘라내기로 했다. 건강을 지켜야 한다고 시누이와 함께 결정하였다. 한쪽 가슴을 잘라내었다. 아파트 벤치에 앉아 소리 죽여 울었다. 허전한 마음이 몰려왔다. 여자가 가슴이 없다는 것은 왠지 슬펐다. 그건 단지 신체의 일부를 잃은 슬픔이 아니었다. 여성으로서 나를 잃은 것 같았다.

시간이 지나며 그 자리는 생명을 지켜 낸 흔적이고 나의 용기와 가족의 사랑이 새겨진 자리였다는 것을 알게 되었다.

수술 후 대구 S 요양병원에 입원했다. 유방암, 대장암, 난소암, 폐암, 등 암 환자들이 많이 있었다. 환자복을 입고 암 환자가 되었다. 친한 친구들과 만남도 멀리하고 이곳 환자와 친구가 되었다.

S 병원에서 식사하는 줄을 서야 했다. 아침 7시가 되면 1층에서 3층까지 환자들이 건강밥상을 기다렸다. 버섯 종류와 채소, 몸에 좋은 과일을 먹었다. 생선과 여러 가지 음식은 환자를 위한 식단이었다. 식사 후에는 차를 마시며 시간을 보냈다.

나와 같은 방을 쓰는 J는 사람을 편안하게 해주었다. 나이도 나와 같아서 친하게 되었다. 그녀는 포항에 살았고 대구는 친정이었다.

췌장암이었다. 그녀는 남편을 중매로 만났고 두 아이 엄마였다. 늘 남편을 배려하며 따뜻하게 대하는 사람이었다.

　나는 처음 가족과 떨어져 생활한 탓인지 마음이 편치 않았다. 남편은 자주 병문안을 왔지만, 밤이 무섭고 길고 긴 시간이었다. 갑갑해서 밤에 복도를 걸어 다니기도 하고 소파에서 잠들곤 했다.

　S 요양병원에 있는 어떤 분은 난소암인데 재발하였다는 이야기를 들었다. 그런 날이면 얼굴에 모두 근심이 서렸다.
　2주가 지나니 머리카락이 빠지기 시작했다. 빨리 가발을 사고 머리 모양에 신경 쓰기 시작하였다. 외출할 때는 가발과 빵모자를 쓰고 다녔다. 모두 나만 쳐다보는 것 같았지만 그건 내 생각일 뿐이었다. 아무도 내 머리에 관심을 두지 않았다.
　S 요양병원에서 3개월간 입원하고 8주간 여덟 번 서울 S 병원에 가서 항암치료를 했다. 대구에 있는 S 요양병원으로 다시 입원하였다. 일주일에 한 번씩 수서역에서 잠실나루역까지 전철을 타고 갔다. S 병원은 잠실 나루에서 걸어 다녔다.
　겨울에는 다리 아래 얼음이 얼어 있었다. 냉기 서린 얼음은 내 마음처럼 차갑게 느껴졌다. 어떤 날은 마른 갈대를 바라보고 걸었다. 바짝 말라붙은 내 입술로 간절히 기도했다. 유방암인 것이 믿기지 않았다. 긴장되고 불안한 마음이었다.

　코로나로 오랜 기간을 끌었다. 2025년 1월 마지막 진료를 마무리했다.

이젠 대구에 있는 병원에 다니라고 의사 선생님이 말하였다. 대구로 내려올 때는 기차를 타고 왔다. 손위 시누이가 매번 따라와 주어 고마웠다.

  남편은 누나가 위로 네 명이고 손아래 여동생 한 명, 남동생이 한 명 있다. 시댁 식구들은 서로 잘 돕고 우애가 좋은 편이다. 대구에 사는 셋째 시누이가 나의 병원 생활에 보호자가 되어 주었다. 남편을 일찍 사별하고 혼자서 아들과 딸을 키웠다. 그동안 어렵게 살았지만, 품위가 있었다.

  한 번은 KTX 기차를 타던 중 나와 시누이는 잠에 취해 그만, 대구를 지나쳐 버렸다. 신경주역까지 남편이 데리러 와 주었던 적도 있었다. 시누이와 함께 병원 식당에서 점심도 먹고 외롭지 않았다. 지나고 보니 가족 덕분에 잘 견디었다.

  1학기를 다니고 암으로 휴학했던 대학원을 2015년 복학했다. 대구 북구에서 성서까지 직장에서 퇴근하고 다니는 길은 멀었다. 야간 수업이라, 집 도착시간은 밤 11시였다. 남편은 후유증이 생기면 안 된다고 학업을 포기하라 말했다. 그러나 체육관에 아버지의 폭력으로 마음의 상처를 치유받지 못한 아이가 있었다. 대학원 상담학 실습으로 상담하면서 알게 되었다. 아이의 마음을 보살피며 공부해야 하는 이유가 확실해졌다. 아동·청소년기 학생들의 학교생활 적응 및 발달을 지원할 수 있는 학교 상담전문가와 전문상담교사 양성 과정이다. 열심히 공부하여 학생들의 심리적 발달과 학교 부적응 문제와 예방을 위한 상담 전문성을 갖추어야 했다.

상담으로 힘들어하는 사람의 마음을 지켜주고 싶다. 누구에게든 작은 것이라도 나누며 살고 싶다.

붙잡을 것은 나의 건강이다. 건강을 위해 운동도 열심히 하고 있다. 유방암은 생각보다 가까이에 있으니까.

투병 시간은 말로 다 표현할 수 없을 만큼 몸과 마음을 지치게 했다. 정기적인 검진으로 조기 발견하는 것은 생명을 지킨다. 병은 몸에만 오는 것이 아니다. 마음에도 찾아온다.

완치 판정을 받았다. 지금 건강하게 지내고 있다. 직장에 다니고 가정생활도 잘하고 이렇게 글도 쓰고 있어 행복하다. 그 시간을 지나 두 번째 삶을 살아가고 있다.

> 질문으로 건너는 시간 3

#선택
붙잡을 것과 놓아줄 것을 결정한 적이 있나요?

우리는 매일 수많은 선택 앞에 서게 됩니다. 때로는 꼭 쥐고 있어야 할 것을 끝까지 붙잡아야 하고, 또 어떤 순간에는 내려놓아야 비로소 내 마음이 자유로워집니다. 그 선택은 늘 쉽지 않았을 겁니다. 하지만 당신이 지나온 삶 속에는 분명 붙잡았기에 빛이 났던 것, 놓아주었기에 더 단단해진 순간들이 있었을 겁니다.

그때의 결정을 다시 떠올려 보세요.
그 안에는 지금의 당신을 만든 지혜와 용기가 담겨 있습니다.

김혜련   붙잡아야 할 것과 놓아야 할 것을 구분하는 일이 쉽지는 않았습니다. 그러나 그 선택 속에서 나는 더 단단해졌습니다.

박경애   무엇을 붙잡고, 무엇을 놓아야 할지 고민했던 순간들이 있었습니다. 그 선택의 흔적이 지금의 나를 단단하게 지탱합니다.

박계자   무엇을 붙잡고 무엇을 놓아야 할지 분별하는 일은 쉽지 않았습니다. 그러나 그 선택이 내 삶의 균형을 만들어 주었습니다.

박명애   내가 꼭 쥐고 있던 것을 내려놓는 순간, 마음에 여백이 생겼습니다. 비움 속에서 비로소 진짜 소중한 것을 붙잡을 수 있었습니다.

박영희   내 손에 쥐어진 것을 다 붙잡을 수는 없었습니다. 비로소 놓을 때, 나를 살리는 지혜가 피어났습니다.

박윤주   무엇을 붙잡고, 무엇을 놓아야 할지 갈등하며 길을 걸었습니다. 그 선택이 쌓여 지금의 나를 만들어 주었습니다.

윤보연   무엇을 붙잡고 무엇을 놓아야 하는지 배워가는 시간이 필요했습니다. 분별의 과정에서 비로소 내 삶의 무게가 가벼워졌습니다.

이희정   붙잡아야 할 것과 놓아야 할 것을 가르는 순간, 내 삶은 균형을 배웠습니다. 균형 잡힌 선택 속에서 비로소 마음의 자유를 얻을 수 있었습니다.

전항연   붙잡을 것을 놓는 순간, 비로소 내 마음은 가벼워졌습니다. 자유는 내려놓음에서 시작된다는 걸 배웠습니다.

조정옥   놓아야 할 것을 비로소 비울 때, 마음의 자리가 넓어졌습니다. 비움은 나를 더 자유롭게 하고 삶을 가볍게 했습니다.

4장

다시 피어나는 삶

겨울 끝자락에도 꽃은 피어나듯,
상처 위에도 삶은 다시 빛을 찾는다.
끝은 또 다른 시작, 삶은 언제든 다시 피어날 수 있다.

1

오래 묵힌 마음

(김혜련)

"상처는 빛이 들어오는 자리다."

- 루미(Rumi)

부산으로 1박 2일 가족 여행을 다녀왔다. 남편의 고희 기념일이었다. 여행을 앞두고 코로나를 앓았다. 다행히 큰 증상은 없었다. 약을 먹고 나면 저절로 눈이 감겼다. 평생 못 잔 잠을 다 자려는 듯 몇 날 며칠 잠이 쏟아졌다. 남편이 챙겨 주는 식사 덕분에 소소한 행복을 누렸다.

38년 부부로 살고 있다. 스물여섯, 서른둘에 결혼했다. 딸과 아들을 낳았다.

첫 임신을 했을 때, 문득 여고 시절 별명이 떠올랐다. 그때 나는 '깜상'이라 불렸다. 체육 선생님이 붙여준 애칭이었다.

"야, 깜상.", "깜상 혜련이 이리 와봐." 체육 시간마다 선생님은 그 별명을 불렀다. 3년 동안 싫다며 말했지만 결국 받아들이기로 했다. 유독

여름만 되면 피부가 더 까맣게 변했기 때문이다.

　그 기억으로 아이에게 까만 피부를 물려줄까 걱정되어 임신 중 하얀 분유를 퍼먹었다. 콜라, 커피, 초콜릿, 짜장면 등 검은색 음식은 멀리했다. 예쁜 아기 사진을 화장대 앞에 붙여두기도 했다.

　정확한 예정일에 평균적인 몸무게로 건강하게 태어났다. 남편은 사전을 뒤적이며 이름을 지어주었다.

　한 글자, 두 글자 뜻을 고르며 고심하였다. 직접 짓고 싶은 마음이 컸던 것 같다. 정성 들여 고른 이름 속에는 아버지가 딸에게 전하는 첫 번째 선물이 담겨 있었다.

　한 명만 낳아 잘 기르자던 남편이었다. 어느 날부터인가 나는 아들이 눈에 들어왔다. 건장한 청년이 엄마와 팔짱 끼며 걸어가는 모습이 부러웠다. 그 부러움은 어느새 둘째 아이에 대한 바람으로 바뀌었다.

　다섯 살 터울로 둘째가 생겼다. 배는 점점 불러오고 성별이 궁금했다. 6개월이 넘으면 의사가 알려준다지만 묻지 않았다. 아들이면 내가 든든하고, 딸이면 우리 딸이 좋아할 것 같았다.

　출산일을 13일 지나 아들이 태어났다. 4.8kg이었다. 장군이 태어났다며 의사가 말했다. 안도감과 함께 나는 혼수상태에 빠졌다. 힘든 고비를 넘기고 만난 아들은 이제 나이가 서른둘이다.

　남편은 아들 이름은 작명소에서 지어왔다. 족보의 항렬을 따라 이름을 지어야 해서 버거웠다고 말했다. 신중한 마음으로 전문가에게 도움을 얻었던 것 같았다.

서울에서 먼저 도착한 딸은 축하 파티 준비를 하고 있었다. 외손주들이 반갑게 맞이한다. 호텔방에는 기념 현수막과 생일 축하 풍선이 거실 중앙에 자리하고 있었다.

"할아버지 생일이에요. 이것 보세요.", "예쁜 케이크도 있어요.", "할아버지, 할머니 사진도 있어요.", "이건 선물이에요."

아이들은 팔짝팔짝 뛰며 좋아한다. 조촐하지만 마음을 담아 생일을 축하했다. 노래를 부르고 준비한 선물도 함께 펼쳐 보았다. 낚시를 좋아하는 아버지를 위해 휴대전화와 지갑을 넣을 수 있는 웨이스트 백(Waist bag)이었다. 양손이 자유로워 여행이나 낚시에 안성맞춤이었다. 외손주들은 삐뚤빼뚤 쓴 생일 카드를 건넸다.

나는 코로나를 앓느라 선물을 준비하지 못했다. 대신 전날 밤 남편에게 축하 편지를 쓰다가 울컥했다. 건강과 사랑이라는 말로 시작했다. 쓰다 보니 존경이라는 단어가 저절로 나왔다. 진심으로 존경하는 마음이 우러나왔다.

남편은 파도치는 큰 바다 위에서 든든한 등대 역할을 하며 가정의 중심축이 되었다. 아내와 자녀들의 석사, 박사 학위 취득까지 지원을 아끼지 않았다. 무엇보다 자신의 건강을 철저하게 관리해 주어 고맙다. 규칙적인 운동과 영어와 한자 공부까지 꾸준하게 하고 있다. 복잡하고 시끄러운 장소보다 자연과 가까이 지내는 것을 좋아한다. 등산과 낚시, 산책

과 골프를 즐기며 조용한 일상 속에서 삶의 균형을 찾는다

  살아가면서 닮아 가기도 하는가 보다. 물론 코로나 영향도 있었겠지만, 어느 사이 나도 혼자의 시간을 즐기게 되었다. 남편의 바람이 무엇인지 알아차릴 수 있는 시간과 안목도 생겼다.

  표현은 서툴지만, 그는 속이 깊다. 말하지 않아도 알아차리는 사람이다.

  사실 남편은 내게 디딤돌이자 걸림돌이었다. 하고 싶은 것이 많은 나에게 브레이크를 자주 걸었기 때문이다. 사람 만나기를 좋아하고 새로운 도전을 꿈꾸는 내게 신중함과 안정을 강조했다.

  처음에는 그 다름이 답답하고 속상했다. 내 열정을 꺾는 것만 같아 불만도 쌓였다. 그러나 세월을 함께하면서 깨달았다. 그의 신중함이 때로는 나를 지켜주고 지나친 무모함을 막아주는 역할을 했다.

  서로 다른 속도와 방식의 차이었다. 불평 속에서도 균형을 찾으려 노력하였다. 그 모든 갈등의 시간이 나를 성장시킨 자양분이 되었다.

  며칠 전 코칭 수업 때 잠재성을 끌어내는 질문 열 개 알아 오기 과제가 있었다. 남편에게 물어보았다.

1. 인생 1대 뉴스는 어떤 것이 있습니까? *나를 만난 것*
2. 삶에서 가장 뿌듯한 성공 경험 하나는 무엇인가요? *잘 살아가고 있다는 것*
3. 그때 발휘된 강점은 뭔가요? *인내*

4. 지금 삶에서 가장 중요한 것 한 가지는 뭔가요? 가족의 건강과 화목
5. 가족(또는 회사는)은 당신에게 어떤 의미인가요? 안식처
6. 2030년 어디에서 무엇을 하고 계실까요? 아내와 여행
7. 그런 삶을 위해 지금부터 준비해 나갈 것은 뭐가 있나요? 건강
8. 원하는 것을 모두 이루면 기분이 어떠실까요? 허탈할 것 같다. 왜냐하면, 목표한 것을 이루었으니까.
9. 올해 달성하고 싶은 목표는 뭔가요? 언제부터 하실 건가요? 1급 한자 도전
10. 대화를 나누면서 어떤 느낌이 올라왔나요? 앞으로 이런 질문 하지 마시오. 나이 들면 머리 회전도 안 되고 당황스럽소.

짧은 대답이 어쩐지 웃기면서도 한편으로는 찡했던 기억이 난다.

    식당 창밖으로 바다가 펼쳐졌다. 온 가족이 함께 앉아 저녁을 먹는 그 순간이 행복했다. 식사 후에는 해안도로를 걸었다. 초가을 바람이 부드럽게 뺨을 스쳤다. 손을 꼭 잡은 외손주들의 체온이 전해졌다. 이렇게 함께 걸을 수 있어 감사했다.
    이날의 짧은 여행은 단지 남편의 생일을 기념하기 위한 자리가 아니었다. 그동안 말로 하지 못했던 마음을 풀어놓고, 오래 묵혀둔 감정을 조심스레 여는 시간이 되었다. 오랜 세월 동반자로 살아온 남편에게 처음으로 '존경'이라는 단어를 꺼내며 마음을 표현할 수 있었던 것이 나에

게도 작은 변화였다.

  살다 보면 속으로만 삼키는 말이 많다. 마음속에만 담아두면 쓸모가 없다. 말로 표현해야 한다. 오래 묵힌 마음도 따뜻하게 꺼내 놓을 수 있다면 그것만으로도 다시 가까워질 수 있다.

2

버티는 삶에서 돌보는 삶으로

(박경애)

"자신을 사랑하는 것은 평생의 로맨스의 시작이다."

- 오스카 와일드(Oscar Wilde)

4월 건강검진에서 위내시경을 받았다. 수면으로 하지 않고 일반으로 했다. 호스를 삽입할 때 구역질이 올라왔다. 의사는 "힘들면 다음에 무통으로 하세요."라고 말했다. 꿈틀거리는 호스가 목을 타고 들어가는 순간, 나도 모르게 몸을 움찔하였다. 수면 없이 진행된 검사는 고통보다 정신을 먼저 흔들었다.

의사가 말했다. "몸속에 나쁜 증상은 통증을 못 느끼는 게 문제입니다." 그 말의 의미를 알아차리지 못한 채 두려움에 휩싸였다. 혼미한 상태였다. 조직검사를 했다고 간호사는 말했다. 염증이 많은가 보다 생각하며 집으로 왔다.

일주일 후 '위 선종'이라는 결과를 우편으로 받았다. 한 번 더 내과를 찾았고, 이번에는 무통으로 내시경 검사를 했다. 다시 조직검사를 하면서 위에 상처가 났다. 피비린내가 나서 며칠 동안 밥을 먹을 수 없었다.

선종은 별로 좋지 않은 자리에 있고 그 범위가 넓다고 대학병원 진료를 권유받았다. 의료파업으로 대학병원 진료받는 일, 예약 잡는 일조차 힘들었다. 운 좋게 서울 S 병원 예약이 되었다. 2차 내시경 후 체중이 4kg 빠졌다. 줄어드는 체중계 숫자에 신경이 쓰였다.

새벽 SRT를 타고 수서역에 도착했다. S 병원으로 가는 셔틀버스가 있어 편리했다. 내 옆자리에는 50대 후반으로 보이는 아줌마가 앉았다. "어디가 불편해서 병원에 가요?"라고 먼저 물었다. 본인은 유방암 초기인데 다른 병원에서는 알아차리지 못했다고 했다. 그런데 S 병원에서 조기 발견한 것이었다. 진료 시간도 정확하고 의료진도 친절하며 의료기구가 최신장비라서 병원 선택을 잘했다 한다. 불안한 마음이 안심되었다.

S 병원 소화기 내과 의사를 만났다. 대구 병원 영상과 의사 소견을 보고 "크게 걱정하지 마세요. 한두 달 후 내시경 해 봅시다."라고 했다. 그 말이 그토록 따뜻하게 들릴 줄 몰랐다. 울컥했다.

S 병원에 6월 말 내시경 예약하고 병원을 나서는 길, 그제야 하늘이 보였다. 한 달간의 먹구름 끝에 바라본 하늘은 푸르렀다.

돈을 벌기 위해서 세 겹 벌이했다. 오전 아르바이트, 오후 공부방 운영, 틈틈이 자격증 공부까지. 작은 체구로 감당하기에는 버거웠다. 그러나 그럴 수밖에 없었다.

  딸은 중학생이 되면서 잠 온다고 겨울에도 찬물에 발을 담그면서 공부했다. 그런 딸을 위해 돈을 많이 벌어야 했다. 이제 딸이 안정된 직장 생활을 하고 마음의 여유가 생기는가 싶었는데 중병이 찾아왔다. 그 행복도 1년이 안 되어 몸속에 나쁜 것이 있다고 한다. 이게 무슨 말인가. 편한 삶을 누릴 자유가 없다는 말인가? 잠도 오지 않았다.

  눈을 감으면 '혹시 더 안 좋은 결과가 나오면 어쩌지?'라는 생각이 들었다. 오랜 세월 나는 '버티는 삶'을 살았다. 무너질 틈 없이 일하고 감정을 접고 살아왔다. 그렇게 살아온 결과가 이거라니 후회스럽고 두려웠다. 한편으로는 생각이 바뀌기 시작했다. "내가 이제야 나를 돌보게 되는구나." 그동안 삶의 우선순위에 '나'는 없었다. 소모되는 몸이 지켜야 할 몸이 되었다. 건강하지 않으면 아무것도 의미 없다는 걸 뼈저리게 깨달았다. 나를 돌볼 차례인 것을 몸이 먼저 알려 준 것이다.

  나는 무엇을 좋아하는지도 모른 채 살아왔다. 나를 위한 삶을 살고 싶다. 내 몸에 그동안 고생시켜 미안하다고 말해주고 싶다.

  인생의 중반기를 지난 지금 내 할 일을 했다는 생각이 든다. 딸도 그걸 알아준다. "엄마, 우리 형편에 공부할 수 있게 공부 뒷바라지해 줘서 고마워요."라는 말에 울컥했다.

  S 병원에서 7월 초에 받은 내시경 결과는 '위 고도선종'이었다. 위암과의 경계선에 있다고 했다.

수술이 필요했고, 경과가 좋다면 3박 4일 정도 입원으로 끝날 수 있다고 했다. 이미 수술 전 검사는 마친 상태이며, 이달 말에는 다시 한번 위내시경을 해야 한다. 겁이 나지 않는다면 거짓말이다. 그나마 조기 발견이 된 게 얼마나 다행인가. 아직 늦지 않았다는 말에 희망이 생겼다. 이번 일로 검진을 제때 받는 것이 얼마나 중요한 일인지 실감했다. 작년에 해야 할 검진을 지금 했다. 무료 검진임에도 미루는 이들에게 말하고 싶다. "제발 큰 병 만들지 말고, 정기적으로 검진받으세요." 수술 날짜는 8월 초에 정해진다.

딸에게 돈 걱정만큼은 시키고 싶지 않다. 여러 개 가입한 보험이 있다. 막상 혜택을 보려니 약정이 있어 쉽지 않다. 큰 병일 때에는 보험금이 많다. 하지만 큰 병이 아니기를 바란다. 병원비는 실비보험으로 충당된다. 그 외 교통비와 잡비가 걱정이다. 지금은 직장을 다니기에 해결한다. 출근을 장기간 못 하면 문제다. 가벼운 시술로 빨리 회복하면 좋겠다.

그동안 건강은 뒤로 밀렸지만, 이제 내 삶의 우선순위는 '나'이다. 나를 돌보지 않으면, 아무도 지켜줄 수 없다.

정신이 든다. 앞으로 치료를 위해서 살을 찌워야 한다. 세 끼를 잘 챙겨 먹고 위에 좋은 것만 찾는다.

스트레스는 조용한 독이다. 나는 그것에 익숙해져 있었다. 이제는 해소하고 흘려보내는 법을 배워야 한다. 나를 위한 삶, 천천히 그러나 단단하게 나를 회복시키는 시간을 만들 것이다.

더 누구를 위해서가 아니라 나를 위해 살아가야 한다. 이제야 내 삶의 주인 자리로 돌아오고 있다.

3

미니멀 라이프

(박계자)

"당신의 집은 저장 공간이 아니라 생활 공간이다."

– 프랜신 제이(Francine Jay)

날마다 새로운 제품들이 쏟아진다. 편리성을 강조하며 구매하라는 유혹이 거미줄처럼 뻗는다. '당신에게 선물을 주세요.', '이것은 당신의 생활에 꼭 필요한 것입니다.' 거미줄은 끈끈했고 영역은 넓었다. 그러니 그 거미줄에 걸려들기 마련이었다.

이것도 갖고 싶고, 저것도 갖고 싶었다. 쇼핑할 때 옷이 마음에 들면 무조건 샀다. 상표를 뜯지 않은 옷이 옷장에 걸려 있기도 했다. 그뿐만 아니었다. 예쁜 그릇이 보이면 그릇을 샀고 이불이 보이면 그것도 샀다. 세월이 쌓이는 만큼 짐도 자꾸 쌓여 갔다.

예전에는 식구들 양말이 몇 켤레인지도 다 알았을 정도로 단순하게 살았다. 옷이 몇 벌인지 아는 것은 너무도 당연했다. 하지만 요즘은 아니다. 옷은 넘쳐났고 양말은 새끼를 치는지 자꾸자꾸 생겨났다. 이러다가는 안방이 온통 물건으로 가득 찰지도 모를 일이었다.

　물건이 풍족해지자 사람들은 오히려 단순한 삶을 지향하는 움직임이 번져가기 시작했다. 최소한의 것만 남기고 불필요한 것은 버리는 삶이라고 했다. 한쪽에서는 구매하자, 다른 쪽에서는 버리자. 팽팽한 줄다리기를 하고 있다.

　나도 나이를 먹어가니까 물건에 대한 욕심이 조금씩 사라졌다. 단순한 생활을 하고 싶었다. 물건이 적으면 청소도 편할 것이었다. 불필요한 것은 과감하게 정리하고 헐렁한 공간에서 여유 있게 살고 싶었다.

　몇 차례 베란다와 창고 정리를 하면서 쓰지 않는 물건을 버렸다. 아이들이 한창 클 때는 필요했지만 지금은 남편과 둘 뿐이니 필요 없는 것이 많았다. 그릇도 쓰지 않는 것은 정리하고 필요한 것만 남겨 놓았다. 옷가지도 하나씩 옷장에서 꺼냈다. 언젠가 시골살이하게 되면 입는다고 남편이 슬며시 감춰둔 낡은 옷가지들, 강제 허락을 받아 가며 버렸다. 두어 번 사용하다 창고에 들앉아 있는 죽 제조기도 필요한 사람에게 나누어 주었다.

　하지만 이상한 일이다. 물건을 버리면서 사고 싶은 것은 여전히 있었다. 어느 날, 꽃 자수가 놓인 거실 매트를 샀다. 보기만 해도 마음이 흐뭇했다. 구색을 갖추고 싶어서 발 매트도 두 개 더 구매했다. 면 소재에

격자무늬와 사각형 흰 바탕이다. 중앙에는 아름드리나무에 연두색 어린잎이 자수로 피어 있었다. 어린잎이 피어나는 디자인이 참 예뻤다.

 하나는 욕실 앞에, 하나는 현관 입구에 깔았다. 미끄럼방지 처리가 부족했던 걸까. 샤워 후 나오다 살짝 미끄러지고 말았다. 몇 번 사용해 보고 안전의 우려가 생겨 옷장 속에 감추어버렸다.

 고민하다 매트를 쓰레기봉투에 담았다. 하지만 미련이 나의 손목을 잡았다. 결국, 하나는 다시 꺼내 주방에서 사용해 보기로 했다. 주로 내가 쓰는 공간이니 조심해서 쓰면 괜찮을 것이라 여겼다. 더러워지면 세탁하고 그래도 깨끗해지지 않으면 그때는 미련 없이 버리기로 했다.

 면 소재라 폭신한 촉감이 좋았다. 도톰해서 주방 일을 오래 해도 발의 피로를 덜어주는 듯했다. 또한, 늘 찬 기운이 돌던 발을 따뜻하게 감싸주었다. 쓰레기봉투에 담겨 버려진 한 개의 발 매트가 몹시 아까웠다. 후회가 밀려왔다.

 되찾을 수 있다면 다시 가져오고 싶었다. 아니면 하나를 다시 사버릴까 싶은 마음도 들었다. 스멀스멀 피어오르는 물욕. 그 욕심을 마주하며 다시 마음을 다잡았다. 앞으로 뭔가 사고 싶을 때는 사는 만큼 버려보리라 다짐도 해봤다.

 컴퓨터, 스마트폰 등 요즘 인터넷상의 이야기 들은 단순한 소통 도구를 넘어 타인과의 관계를 구축하고 정보를 관리하는 데 큰 도움이 된다. 새로운 인맥을 쌓거나 기존의 관계를 강화하는 데도 유용하게 쓰인다.

그런데도 현대의 사람들은 많은 부작용을 겪는다. 과도한 인터넷 사용으로 생활이 게을러지기도 하고 사생활이 침해를 받기도 한다. 또한, 현실을 잊어버리고 가상의 세상에 허우적거리는 사람도 있다. 인터넷 속의 이야기들은 일상 속에 깊숙이 관여한다.

　물건을 줄이는 것만이 단순한 삶의 전부는 아니다. 디지털 세상 속에서도 정리가 필요하다. 넘쳐나는 정보 속에서 우리는 때때로 선택의 피로를 느낀다. 예를 들어 유튜브는 허리 강화 운동이나 요리법 등 실질적인 도움을 주는 콘텐츠를 제공한다. 그 수가 너무 많아져 오히려 부담될 때도 있다. 어떤 영상은 유익한 정보를 얻기 위해 구독을 눌러둔다. 대부분 단순한 구독 알림으로 남을 뿐이다. 시간이 지날수록 그 수는 늘어나고 정리되지 않은 채 알림만 울릴 뿐이었다.

　이 메일함도 마찬가지다. 필요하지 않은 메일들이 가득하다. 당장 쓸모는 없지만 언젠가 도움이 될 것 같다는 생각에 삭제하지 못한 메일들이 쌓여 간다. 더 많은 디지털 공간 속에서 삶의 본질을 놓치게 된다.

　앞으로 필요한 정보는 그때그때 찾아보기로 마음먹는다. 나에게 가치를 주는 콘텐츠만 선택해서 받아들여야겠다. 메일함은 하루에 한 페이지씩 정리한다. 유튜브 구독 목록도 중요한 채널만 남기고 나머지는 과감히 정리해야겠다. 디지털을 비우는 그 과정은 단순히 기기를 정리하는 것이 아니라, 마음과 생각을 비우는 시간이기도 하다.

　미니멀 라이프는 결국 '나에게 꼭 필요한 것'을 남기는 것이다. 물건뿐 아니라 관계, 정보, 감정까지도 단순함이 필요하다. 즉 내가 진짜 원하는 것에 집중할 수 있는 환경을 만드는 일이다. 단순함이 왜 좋을까? 일단 주위가 깨끗해진다. 공간의 여유가 생겨 내 마음에도 여유가 생기는 느낌이 든다. 그리고 복잡했던 머릿속이 정돈되기도 하고 마음도 편안해진다. 그것이 내가 실천하고자 하는 미니멀 라이프이다.

4

아들의 꿈에 날개를 달다

(박명애)

"미래는 자신의 꿈의 아름다움을 믿는 자의 것이다."

- 엘리너 루스벨트(Anna Eleanor Roosevelt)

알렉스 루소의 『샤를의 기적』 그림책을 읽었다. 큰 날개와 풍부한 상상력을 가진 꼬마 드래곤 샤를은 하늘 나는 법과 불 뿜는 법을 배우는 대신, 책 읽기와 시 쓰기에 몰두했다. 자신만의 세계를 지켜 낸 샤를이었다. 작은 파리 친구의 응원에 힘입어 마침내 날개를 펴고 하늘을 나는 기적을 안겨 주었다. 숨겨진 용기는 결국 자신 안에 있다는 메시지가 마음 깊이 크게 남았다.

책 이야기는 정해진 틀 안에서 안정된 길을 걷기보다 자신이 좋아하는 것을 찾아가는 내 아들과 닮아 있었다. 그리고 샤를처럼 아들이 멋지게 날 수 있는 기적이 일어나길 바라는 내 마음도 담았다.

음악을 좋아하는 아들에게 "악기 하나 배우는 게 어때?" 하고 물었다. 아들은 기타를 배우고 싶다고 말했다. 초등학교 4학년 때부터 동네 음악학원에 다녔다. 초등학교 6학년 발표회 날 기타를 들고 김광석의 〈먼지가 되어〉를 연주하였다. 반 학부모에게 추억의 향수를 들려주어 감동의 박수를 받았다. 그날 이후로 기타에 관심을 가지고 배우고 싶어 하는 친구와 함께 다니기도 하였다. 하고 싶은 것을 꾸준하게 배우는 아들이다.

중학교 때 시험 마치고 일찍 돌아온 아들이 현관 앞에서 꽃다발을 내밀었다. 보랏빛 라일락과 들꽃이 섞인 작은 꽃다발이었다. "엄마, 들꽃 좋아하잖아요. 행복하세요. 힘내세요." 하며 무심하게 건네주었다. 세상에서 가장 향기로운 선물이었다. 엄마를 생각하며 들꽃을 눈여겨 보았을 아들이다.

중학교 3학년이 된 아들은 고등학교 졸업 후 진로에 대해 미리 고민하고 있었다. 어느 날 갑자기 자신이 원하는 대학과 나라를 이야기했다. 일본으로 공부하러 가겠다고 하여 매우 당황했다. 디자인 공부를 하고 싶다는 말에 나도 모르게 폭풍 같은 질문들을 쏟아내며 묻기 시작했다…. 왜? 언제부터? 목표는? 동기는?
하지만 아들은 이미 결정을 내린 뒤였다.
몇 주 뒤, 메일로 자신의 학업 계획서를 보냈다. 설마 아니겠지? 정말 가려는 걸까? 정말 가면 어떻게 보내지? 나는 아들을 공부하러 멀리 보낼 마음의 준비가 되지 않아 메일을 열어보지 못했다.

한 달이 지나서야 아들의 재촉에 마음을 다잡고 메일을 열었다. 그 안에는 수십 장의 자료와 계획이 정리되어 있었다. 입이 딱 벌어졌다. 안 보내면 아들의 꿈이 무너지겠구나 싶었다.

그 후 아들은 일본에서 공부했다. 지금 졸업반이다. 자신이 원하는 직장에 취업하여 사회의 든든한 일원이 되어 이루고자 하는 꿈을 점점 멋지게 샤를의 날개처럼 펼쳐나가길 바란다.

나는 여전히 묻는다. "후회한 적은 없니?" 아들은 주저 없이 말한다. "너무 잘 맞는 선택이었고 행복해요."라고.

처음 아들이 일본에서 공부하겠다고 했을 때 마음 한편이 무너지는 듯했다. 멀리 떠나는 아들을 보내는 일은 생각보다 용기가 필요했다. 두려움이 앞섰고 걱정이 밀려왔다. 내가 지켜주지 못하는 곳에서 아들이 홀로 서야 한다는 사실이 낯설고 두려웠다.

아들은 흔들림이 없었다. 눈빛에는 자신감과 열정이 담겨 있었다. 무엇보다 목표를 향한 진지한 태도를 보았다. 마음을 내려놓기 시작했다. 놓아주는 것이 사랑이라는 걸 그때 처음으로 깨달았다. 아들이 떠난 후, 보고 싶을 때 곁에 없다는 사실이 아쉬웠다.

아들에게 "가까이 있으면 보고 싶을 때 만나러 갈 수 있고 맛있는 음식도 해다 줄 수 있는데….".라고 말하니 아들은 "엄마, 생각해 보세요. 부모 옆에만 있다고 생각해 봐요. 그럼 어떨 것 같아요?"라고 되물었다.

나는 웃으며 "안 되지. 네 말이 맞아, 내가 괜히 아들에게 불편한 말을 했네."라고 대답했다.

"그렇죠. 내 말이 맞죠. 일본은 먼 곳도 아니에요. 엄마가 마음을 좀 더 크게 가지면 돼요." 아들의 그 말에 "알았어."라고 답했다.

몸은 멀리 있어도 마음은 더 가까워졌다. 아들의 꿈을 응원하는 일이 내 삶의 새로운 의미가 되었다.

응원은 단순한 말이 아니다. 사랑을 표현하는 방식이다. 첫째, 자식의 꿈을 믿어주는 순간 부모도 함께 성장한다. 둘째, 놓아주는 사랑은 더 깊은 관계를 만든다. 셋째, 응원은 서로를 단단하게 연결해 주는 다리다. 누군가의 꿈을 응원하는 일은 말이 아니라 마음을 담은 행동이다.

『샤를의 기적』을 읽으며 샤를이 날 수 있었던 건 자신을 믿어준 작은 파리 덕분이었다. 파리는 샤를의 존재 자체를 사랑했다. 나는 아들의 꿈을 응원하는 엄마 파리였다.

정작 나 자신은 어디로, 어떻게 날아야 할지 막막했다. 긍정으로 생각했다. 막막함은 내가 아직도 무언가를 꿈꾸고 있다는 것이었다. 날개를 펼쳐 보고 싶다는 마음. 그 마음이 바로 시작이란 걸 알았다.

내 삶도 조금씩 달라지기 시작했다.

언젠가 아들이 "엄마도 멋지게 날고 있었구나."라고 말할 수 있도록 일상을 다시 바라보게 되었다.

책 한 권 펼치고 글을 써보며 내가 좋아했던 음악을 다시 들었다.

거창한 것이 아니라 내 삶을 사랑하는 작은 행동 속에서 조금씩 날고 있다.

삶은 언제든 다시 피어날 수 있다는 걸 아들을 통해 배웠다.

5

나의 맞선
주윤발을 만났던 그날

(박영희)

"삶이란 우리가 계획한 대로 흘러가는 것이 아니라,
우리가 맞이한 순간을 어떻게 받아들이고 성장하느냐에 달려 있다."

– 루이자 메이 올콧(Louisa May Alcott)

내 나이 스물여섯 어느 날, 아버지의 교통사고는 우리 가족의 삶을 송두리째 뒤흔들어 놓았다. 사고로 인해 아버지는 몸도 마음도 크게 다쳤다. 스스로 해낼 수 있는 일이 거의 없었다. 언제나 누군가의 보살핌과 보호가 필요했다. 그런 아버지 곁을 어머니는 헌신적으로 지키셨다. 무너진 가장의 부재가 가족에게 얼마나 많은 영향을 주는지 뼈저리게 느꼈다. 그렇게 3년이라는 시간이 흘렀다. 우리 가족의 삶도 아픔과 슬픔에 무덤덤해졌다.

나는 직장 생활로 분주한 나날을 보냈다. 교육부 주관 '1급 유치원 정

교사 자격' 연수를 받았다. 교사 수업 연구대회에서 1등급이라는 수상의 기쁨도 만끽했다. 자신감이 넘치고 보람이 차오르던 시기였다.

1등급 교사에게는 순금 다섯 돈의 반지와 16일간의 해외연수(영국, 프랑스, 독일, 일본)가 부상으로 주어졌다. 힘든 시간을 견딘 나에게 주어진 값진 선물이었다.

일에 몰두하던 사이, 친구들은 하나둘 결혼했다. 나도 서른이 되자 중매와 맞선 이야기가 오가기 시작했다. 함께 근무하던 영양사가 외사촌 동생이 있다며 맞선을 권했다. 처음에는 직장 관계가 어색해질까 망설였지만, 거듭되는 권유에 결국 만나기로 했다.

맞선을 앞둔 전날 밤, 그날이 내가 당직 근무인 것을 알았다. 오후 2시부터 4시까지 직장 후배에게 근무를 부탁했다. 다행히 후배는 흔쾌히 맡아주었다. 하지만 긴장한 탓인지 쉽게 잠들 수 없었다. 이리저리 뒤척이다 겨우 잠이 들었다. 꿈속에 낯익은 얼굴이 등장했다. 회색 바바리코트를 휘날리며 다가오던 부리부리한 눈매와 따뜻한 인상을 지닌 남자. 그는 내가 그토록 좋아하던 홍콩 액션 배우 '주윤발'이었다. 그 시절 유명하던 주윤발은 나에게 설렘과 환상의 상징 같은 존재였다. 꿈속에서 그를 마주친 나는 마치 영화 속 주인공처럼 가슴이 두근거렸다. 깨어나고 싶지 않을 만큼 기분 좋은 꿈이었다.

다음 날 아침, 꿈의 여운이 가시지 않았는지 기분이 들떴다. 당직 근무를 위해 이른 시간 출근했다.

후배가 제시간에 와 주어 고마웠다. 교대 후 인터불고 호텔로 향했다. 잔잔한 검정 꽃무늬 원피스를 입고, 키가 커 보이기 위해 굽 높은 구두를 신었다. 어깨 길이의 머리는 반묶음으로 단정히 빗어 넘겼다. 긴장한 마음을 애써 다잡으며 호텔에 들어섰다. 로비에는 사람이 많았고 잔뜩 긴장한 채 입이 바짝 말랐다. 상대는 이미 먼저 도착해 있었다. 꿈속 주윤발이 자꾸 머릿속을 맴돌았다. 그런데 마주한 그 남자, 첫인상이 주윤발을 닮아 있었다. 큰 키와 듬직한 풍채, 눈매가 닮은 듯했다. 긴장해서 제대로 쳐다보지도 못했지만, 첫 순간 마음이 끌리는 걸 느꼈다. 그도 나에게 호감이 있었는지, 금오산에 함께 가자고 제안했다. 그날은 초여름의 시작이었다. 맞선 시간이 서너 시쯤이었고, 나는 오후 5시까지 당직 근무에 복귀해야 했다. 그는 기다릴 수 있다며 선뜻 말했다. 남은 당직 근무를 했다. 1시간 후 그는 데리러 왔다.

르망 승용차를 타고 향한 금오산. 첫 만남이라 많은 대화를 나누지 못했다. 무뚝뚝하면서도 툭툭 던지는 말투, 그 속에 묻어난 따뜻함과 듬직함이 남자다운 매력이었다. 높은 굽을 신은 탓에 발은 아팠지만, 내색하지 않았다. 그런 나를 배려해 손을 내밀어 잡아주는 다정한 모습에 설렘은 더 깊어졌다.

그날 이후, 우리 둘만의 이야기가 시작되었다. 꿈에서 주윤발을 본 그 순간부터 마치 운명처럼 말이다. 주말이면 우리는 함께하는 시간을 보냈다. 말수가 적은 그와의 데이트는 시끌벅적한 즐거움은 없었지만, 묵묵히 함께 걷는 시간만으로도 좋았다. 어느 날 영덕의 조용한 바닷가에서 파도 소리를 들으며 햇살을 받고 있을 때, "이곳에 집 지어놓고 살면 좋겠네요." 내 말에 그는 "집 지어서 같이 살면 되지."라고 대답했다. 나는 그 말을 프러포즈였다고, 아직도 그렇게 믿고 있다.

그렇게 만남이 이어졌고 주윤발과 닮은 남자와 함께한 세월이 어느덧 30년이다.

두 아이를 낳고 가정과 일을 병행하며 살아왔다. 육아를 위해 잠시 일을 쉬게 되었다. 아이들 키우며 가정에만 전념하다 보니 사회와 단절된 듯 허무감과 우울감이 밀려왔다. 일하고 싶다는 열망이 점점 커졌다. 그 마음은 어느 날 아이들과 함께 이력서를 들고 직장을 구하러 다녔다. "이렇게 어린애들을 데리고 어떻게 일을 할 수 있겠어요.", "괜찮습니다. 할 수 있습니다." 직장에서는 애 둘 딸린 경력자 주부를 받아들이지 않았다. 다시 일하고 싶었지만, 현실의 벽은 높았다. 아이들 때문에 채용을 거절당하기도 했다. 자신감으로 넘쳤던 내가 잠시 쉬는 동안 무능력자가 된 것 같아 한심했다. 한때는 유아교육에서 우수한 교사로 인정받는 나였지만 아이들이 걸림돌이 되었다. 아이들을 데리고 할 수 있는 일은 무엇일까?

"나도 원장이 되고 싶어." 그때 남편은 이렇게 말했다. "하면 되지. 10년만 기다려 봐." 당시 형편에선 터무니없어 보였지만, 그 말은 나를 믿어주는 응원이 되었다. 남편은 적극적으로 내 편이 되어 주었다. 어느 날, 회사 아파트단지 내 교육 시설을 맡아 할 수 있겠느냐며 물었다. 남편은 직접 발로 뛰기 시작했다. 그는 나에게 맞는 일을 찾아주었다. 그것은 내가 꿈을 향해 다시 나아가는 출발점이 되었다. 마침내 나는 유치원을 운영하며 유아교육의 꿈을 이어갈 수 있었다. 그것은 직장이 아니라 내 삶을 다시 가꾸는 또 다른 시작이었다. 유치원 운영자로 자리매김해 나가며 더 좋은 교육기관을 만들기 위한 노력은 멈추지 않았다. 일하는 동안 내 안의 열정은 타올랐다. 몸은 힘들었지만, 마음은 늘 설렘으로 가득했다. 마치 부풀어 오르는 풍선처럼 말이다. 마음과 온몸을 다해 모든 것을 쏟아부었다. 그 시간들이 차곡차곡 쌓여 지금의 나를 만들었다.

  사람이 만나 한 가정을 이루는 일은 인생에서 중요한 일이라 믿는다. 사랑만으로는 감당할 수 없는 많은 순간 속에서 서로에 대한 믿음과 응원, 용기가 필요하였다. 좌절과 나약함, 아픔과 슬픔, 그리고 기쁨까지, 그 모든 감정의 파도를 넘었다. 삶 속에서 또 다른 꽃을 피워냈다.
  내 눈에 멋짐의 콩깍지를 씌운 홍콩 배우 주윤발을 닮은 그 남자. 그와 만남은 내 인생을 새롭게 열어준 전환점이었다. 그날 이후 나는 꿈을 향해 다시 달릴 수 있었다.

6

오늘을 사는 의미

(박윤주)

"어제는 역사이고 내일은 미스터리다.
오늘은 선물이기에 '현재(present)'라 부른다."

- 엘리너 루스벨트(Eleanor Roosevelt)

내 나이는 스물아홉 살, 혼기가 늦은 나이였다. 동네 중매쟁이 할머니가 우리 집을 찾아왔다. 결혼을 그다지 깊게 고민하지도, 스스로 준비할 시간도 없었다. 할머니는 상대방 집안의 배경과 인품을 칭찬했고, 나는 그 이야기를 조용히 듣기만 했다. 시내 동성로 다방에서 맞선이 잡혔다.

처음 마주한 그는 말수가 많지 않았지만, 첫인상이 나쁘지 않았다. 낯설지만 정직해 보이는 눈빛, 낮고 차분한 목소리였다. 단정한 그의 모습이 마음에 들었다. 결혼을 서두른 이유는 따로 있었다. 당시 연년생인 남동생이 결혼을 앞두고 있었기 때문이었다. 누나인 내가 먼저 가야 한다는 집안의 분위기 속에서, 앞도 뒤도 돌아볼 여유 없이 결혼이라는 선택을 받아들였다.

 급하게 맞선 본 그의 직업은 공무원이었다. 분명하고 확실한 태도가 끌렸다. 얼마 지나지 않아 결혼식을 올렸다. 신혼여행은 부산 해운대로 향했다. 바닷바람이 불어오는 길을 손 잡고 걸었다.
 그렇게 우리 만남이 시작되었다. 결혼 후에도 교사로 일을 계속하였다. 함께 살아보니 남편과 내가 다른 점이 하나씩 보이기 시작했다. 차분하고 느긋한 나와 달리 성격은 급하고, 일 처리가 빨랐다. 생각하며 천천히 말하는 나와 달리 거침없이 말하고, 자기주장은 늘 또렷했다. 그 강한 성격 앞에 나는 어느새 주눅 들고 조용히 물러서게 되었다. 생각을 나누는 대화보다 그의 감정에 맞추는 것이 더 익숙해졌다. "가정이 편안하려면 내가 참아야지." 그 생각이 내 삶을 주도했다. 내 욕구와 감정은 접어두고 '이해'라는 이름 아래 모든 것을 받아들였다.

 어느 날, 남편의 좀 과격한 행동을 받아들일 수가 없었다. 참는 나 자신에게 화가 났다. 무작정 아이를 업고 집을 나섰다. 그렇게 호기롭게 나온 곳이 백화점이었다. 나름 대단한 일탈이었다. 걱정이나 생각 없이 마음껏 여기저기를 돌아다녔다. 나를 위해 시간을 썼다. 예쁜 스카프도 사고 아들 옷이랑 장난감도 샀다. 검소하고 절약하는 남편에게 분풀이하듯 이것저것 나에게 필요한 물건을 샀다. 돈을 엄청나게 써보려고 했지만, 고작 다 쓴 돈은 20만 원 정도였다. 그 순간 세상이 조금 다르게 보였다.

나는 왜 이렇게 살아야 하지? 내가 좋아하는 일은 도대체 언제쯤 할 수 있을까? 그렇게 화를 삭이고 집으로 돌아왔다. 남편은 아무 말이 없었다. 내가 집을 비운 시간에 대한 서운함도 관심도 없었다. 그저 무표정한 얼굴로 눈길 한번 주지 않았다. 서운하고 속상했지만, 업힌 아들의 따뜻한 체온에 마음을 다잡았다.

"그래, 내가 또 참자. 아이가 크기 전까진, 참고 견뎌야 해." 견디는 마음으로 화를 삭이는 날이 이어졌다.

어느 날 문득, 거울 속 나를 오래 바라본 적이 있다. 익숙한 얼굴인데 낯설었다. 웃는 눈빛 속에 지나온 계절이 머물고 있었다. 젊을 땐 더 나은 내일을 위해 바삐 달렸다. 한창일 땐 앞만 보고 살았다.

늘 "나만 참으면 가정이 평안하니까."라는 말로 나 자신을 가두고 살았다.

나도 사람이다. 화를 낼 수 있고, 하고 싶은 일이 있다고 소리치고 싶었다. 때로는 남편과 대등하게 부딪히고 싶은 마음도 있다. 그 모든 걸 꾹꾹 눌러 담고 살아온 이유는, 단 하나 가족을 사랑했기 때문이었다. 그 사랑이 깊었기에 내가 희생하면 모두가 평안할 거라 믿었다.

남편의 등등하던 기세도 세월에 깎여 무뎌졌다. 함께 나이 들어가며 조금씩 서로를 이해해 나가고 있다. 무뚝뚝한 성격이라 알은체하지는 않았지만, 남편도 내 마음을 다 알고 이해해 주었을 것이다. 손자들이 집에 오는 날이면 본 적 없던 남편의 부드러운 모습을 만날 때가 있다. 내 남편에게도 저런 면이 있었구나, 놀라는 순간이다. 젊을 때는 크고 답답하게만 느껴졌던 남편이었다. 그러나 언제나 그 자리에서 가족을 챙기고 역할을 잘해 주었다.

 조금의 여유가 생기면서 알게 되었다. 이 순간이야말로 내 인생의 중심이라는 것을. 다시 살 수 있다면 나는 오늘을 더 오래, 더 천천히 살아 보고 싶다. 그리고 지금, 바로 이 마음이 '다시 피어나는 삶'의 시작이라는 것도. 나이 들수록 삶은 조용하게 스며든다. 하루의 리듬은 단순해지고, 자극은 줄어들었다. 하지만 그 안에도 여전히 내가 살아가야 할 의미는 있다.

 창밖으로 불어오는 바람결, 밥 짓는 냄새, 익숙한 사람의 안부 전화 하나에도 마음이 움직이는 나를 느낀다. 예전에는 누군가의 기대에 맞추느라 오늘을 잊었다. 과거의 후회 속에서 나를 붙잡아 매며 기회를 놓치기도 했다. 지금은 조금 달라졌다. 나를 위로하고, 나에게 기회를 주는 법을 배웠다.

 "오늘을 충실히 살아가는 일은, 결국 나 자신에게 가장 진실한 일"이라는 것을 안다.

 지금 예전보다 더 단순한 일상 안에서 기쁨을 찾는다. 책을 읽고 글을 쓰며 좋아하는 사람과 커피 한 잔 나누는 일. 그 모든 것이 나에게는 다시 피어나는 삶의 씨앗이 되는 것이다.

7

한발 물러서서

(윤보연)

"한 걸음 물러서면 세상이 더 넓어진다."
- 중국 격언

아이가 우선인 삶을 살았다. 한순간도 떨어지지 않았지만 힘든지도 몰랐다. "아이가 참 밝고 예쁘다."라는 말을 들을 때면 나를 칭찬하는 것처럼 들렸다. 잘 키우고 있다는 노력을 인정받는 순간 세상이 모두 내 것 같았다.

아이가 네 살 되는 해 어린이집을 처음 보냈다. 홀가분하지 않았다. 오히려 아이가 없는 시간이 허전하고 아무것도 손에 잡히지 않았다. 집으로 돌아오는 시간만 기다리고 있었다. 엄마로서 책임감과 두려움이 함께 묶여 있었다. 겉으로는 괜찮은 척했지만 공허함과 불안이 짙어갔다.

마음이 무너지는 것을 허락할 수 없었다. 내가 무너지면 아이가 상처받고, 내가 흔들리면 아이도 함께 흔들릴까 하는 생각만으로도 숨이 막했다. 엄마 마음이 건강해야 아이에게도 좋은 에너지를 줄 수 있다고 들었다.

인터넷을 뒤져 집 가까운 한 곳을 찾아갔다. 슈타이너 심리상담연구소였다. 12회기 상담을 받고 마지막 회기 때 문학 심리상담 공부를 제안받았다. 그 공부가 나의 마음과 육아에도 도움이 되었다.

문학 심리상담 봉사단(이하 문심봉) 3기로 문학 심리상담사 2급 자격증을 땄다. 나보다 앞서 공부한 선배가 많았다. 그들의 이력은 다양했다. 상담사, 대학교수, 유치원 원장, 회사원, 주부, 학습지 교사였다.

해마다 5월이 되면 문심봉에서는 상담소 소장님과 스승의 날 기념 식사를 한다. 식사 후 카페에서 차를 마시며 K 원장이 에세이 공저 쓰기를 제안했다. K 원장은 60대 중반의 나이에 유치원을 운영하며 공저 다섯 권과 개인 책을 집필했다. 작가로 제2의 인생을 살고 있다.

모임에서 첫 번째로 손을 들었다. 올해 나의 좌우명은 '도전을 두려워 말자.'이다.

큰딸은 시집과 단편 소설 한 권을 낸 작가다. 글을 쓰는 딸을 보며 나 아닌 누군가의 삶을 만들어낸다는 것은 어려운 일이라는 것을 알았다. 그때 떠오른 것이 시였다. 만만해서가 아니라 짧은 문장 안에 내 마음을 담아낸다는 것이 흥미로웠다. 마음을 담아 쓴 시가 어느덧 마흔 편이 되었다.

글을 쓰는 것은 집안 전체로 퍼졌다. 언니도 글을 쓰고, 엄마도 글을 쓰니 둘째가 은근히 따라 하고 싶어 했다.

어느 날 작은 아이가 말했다. " 엄마 나도 시 썼다!", "그래! 우와 대단한걸." 몇 편 썼느냐 물어보니 열두 편이나 적었다고 했다. 함께 책을 내 볼까 하는 생각이 들었다. 여름 방학 전에 책 한 권이 나온다면 아이에게도 성취감이 생기지 않을까 싶어 서둘렀다. 둘째 딸의 시 열두 편과 내 시 마흔 편을 묶어 '부크크'라는 곳에서 출판하게 되었다. 부크크는 초기 자본 없이 책을 낼 수 있는 곳이다. 수익을 목적으로 하지 않고 기념으로 책 한 권 가지고 싶은 마음에 선택했다.

공저 책 한 권이 나온다면 올해 두 권의 책이 내 손에 들어오게 될 것이다. 생각만 해도 설렌다. 첫술에 배부를 수 없다. 잘하려는 마음만 내려놓는다면 못할 것 없다.

공저를 시작으로 매일 글쓰기에 도전해 보았다. 대단한 목표를 세운 것은 아니었다. 블로그에 나의 일상을 적어 올리는 것이 전부였다. 반복되는 일상 속에서 마음을 열고 찬찬히 살펴보아야 했다.

그냥 지나칠 수 있는 것들이 내게 귀한 글감으로 다가왔다.

글쓰기는 내 삶을 한발 물러서서 볼 기회를 주었다. 나무만 보던 것에서 벗어나 숲을 보는 여유가 생겼다.

처음 며칠은 설렘 그 자체였다. 글을 쓰고 싶어 일찍 일어났다. 매일 누군가에게 내 이야기를 들려주는 것도 재미있었다. 내가 쓴 글이 하나씩 늘어갈 때마다 뿌듯했다. 오늘을 그냥 흘려보낸 것이 아니라, 아주 잘 살아가고 있다는 생각이 들어서 좋았다.

자연스럽게 쓰려고 했는데, '인정받고 싶다'는 마음이 올라왔다. 그 마음이 나를 지치게 했다. 내 마음을 알아차리고 나를 위로하기 위해 시작한 일이었는데 아쉬웠다.

글쓰기에 대한 열정이 시들해질 무렵 우연히 들린 금용사에서 편안함을 느꼈다.

두류공원 안에 있는 절이었다. 그곳에는 비구니 스님들이 있었다. 함께 소리 맞추어 책을 읽고 절을 하며 목탁 소리 듣는 것이 좋았다. 예불이 끝나고 조용한 절에 혼자 앉아 바람 소리, 풍경소리를 듣고 있으면 세상 시름이 다 사라졌다.

매일 아침 9시 40분부터 11시까지 함께 책을 읽는다. 예불 드리고 108배를 한다. 그때 읽는 책이 있다. 『나를 닦는 백팔 배』라는 책이다. 참회, 감사, 발원문이 108가지 글귀로 적혀 있다. 그중에서도 내 마음에 깊이 남은 문장이 있다.

"내 생각만 옳다는 어리석음을 참회하며 절합니다."

내가 알고 있는 것, 내가 믿는 것만이 옳다고 고집하던 삶.
누구도 미워하지 않고 사랑하는 삶.
타인에게 나쁜 감정을 주지 않는 삶.

나와 남을 긍정적으로 보는 삶을 살고 싶다.

집착과 두려움에서 벗어나 삶에 집중하려는 의지로 마음의 평화와 새로운 방향을 찾았다. 주변의 울타리를 뛰어넘는 일은 쉽지 않다. 생각을 조금만 바꾸면 다른 길이 얼마든지 있다는 것을 알게 되었다.
글쓰기, 독서, 기도는 나를 다시 피어나게 하는 힘이 되었다.
단순한 회복이 아니라 새로운 시작을 향한 용기였다.

8

다시 쓰는 이야기

(이희정)

"우리는 과거를 바꿀 수 없지만, 오늘부터 다른 이야기를 쓸 수 있다."

- 카를 융(Carl Jung)

벌써 5년째다. 일명 '보따리 강사'로 불리는 프리랜서가 되어 노인대학 인문학과 강의실을 오간 지도. 남편은 농담 반 진담 반으로 "교수님"이라 부르며 가끔은 그 호칭에 걸맞게 살라며 핀잔을 주기도 한다. 어쨌든 학생 수는 많으나 강사료는 짠, 요즘 아이들 말로 가성비 없는 수업이라 이렇게 오래 강의하게 될 줄은 몰랐다.

첫해의 기억은 아직도 생생하다. "강사 아가씨!"라며 내 수업에 불만을 있는 대로 표시하며 불쾌함을 숨기지 않던 어르신, "우리는 이런 거 하러 온 게 아니에요."라고 대놓고 항의하던 어르신도 계셨다. 당황했지만 물러서지 않았다. 이 수업을 통해 무엇을 함께 할 수 있을지를 다시 설명했다. 그분은 결국 다음 수업에 나타나지 않았다. 내가 기죽지 않고 당당할 수 있었던 이유는 나의 마음공부로 어르신들을 설득할 자신이 있었기 때문이었다. 또 수년간 보따리 싸서 대구, 경북 이곳저곳을 다닌 덕분이었다. 그렇게 2022년 24기 졸업식에 참여했고, 지금은 2025년 28기 어르신들과 거의 100% 출석률로 강의하고 있다. 학생들은 대부분 70, 80대이고 그중 3분의 2는 여성이다. 강의실 앞에 서면 늘 가슴이 벅차다. 그들의 얼굴에서 부모님의 얼굴이 겹쳐 보일 때는 가슴이 먹먹해지기도 한다. 때론 그들의 지나온 고단한 세월 이야기는 내 마음을 뜨겁게 한다.

"노년은 끝이 아니라, 다시 피어나는 시기입니다." 힘주어 말할 때는 장자(莊子)의 오상아(吾喪我)를 들려준다. 오상아(吾喪我)란 '나는 나를 장례 치렀다.'는 말이다. 수십 년 살면서 만들어진 '나(吾)'를 비워내고, 본래의 진짜 '나(我)'를 채우자고 이야기한다. 제2의 인생, 이모작을 다시 설계해 보자고 권한다. 그러면 그들은 반짝이는 눈빛과 어린아이 같은 미소로 나를 바라본다. 주름진 손에 쥔 초록색 색연필로 오솔길을 그리고, 투박한 글씨로 써 내려간다. "이렇게 써도 되나요?", "부끄러워요." 수줍은 말과 함께 보여 주는 그 이야기들은 당당한 삶의 증거로 펼쳐졌다. 그들은 조금씩 자신을 긍정하기 시작했고, 나는 그 장면들 앞에서 수없이 울컥했다.

어느덧, 어르신 30여 명이 하나라도 놓치지 않으려는 눈빛으로 내 이야기를 듣는다. 수줍게 내미는 글 속에는 인생의 무늬가 살아 있다. 나는 그들이 그렇게 "다시 피어나는" 모습을 보면 가슴이 뻐근해진다. 나의 부모님들에게 전하지 못한 말을 이제야 건네는 것 같아서다.

 수업이 끝난 어느 날, 친정에서 가족 행사가 열렸다. 오랜만에 엄마 아빠와 마주 앉아 도란도란 대화를 나누었다. 그날따라 당신 자신들의 삶은 이제 다 끝이 났는데 참으로 허무하고 비루하며, 보잘것없다며 한탄하시길래, 이렇게 말했다.
 "엄마, 엄마는 국민학교밖에 안 나왔지만, 우리 3남매 다 대학 보냈잖아. 그치? 엄마 형제들 봐봐! 엄마 아들, 딸보다 더 좋은 대학에 간 사람 없제?"
 내가 이런 소리를 하는 이유는 엄마는 맏딸이라 시집가기 전까지 집안 살림을 도맡아 하느라 국민학교까지만 다녔기 때문이다. 엄마는 교복 입고 학교에 다니는 것이 부러웠다고 늘 얘기했다.
 "어, 그러네." 답하며 웃으셨다. 아빠에게도 동의를 구하는 말을 했다.
 "아빠, 기억나지? 아빠는 촌에서 홀로 대구 나오셔서 집도 장만하고, 자식들도 혼자 힘으로 3남매 다 대학 보내셨잖아. 진짜 대단하셔." 그제야 주름진 얼굴이 펴지면서 "니 말 듣고 보니 그러네." 하며 활짝 웃는 엄마, 아빠 얼굴에 마음이 뜨거워졌다.
 "엄마랑 아빠는 그 누구보다도 잘 살아오신 거야. 세상 어디 둘러봐. 국민학교밖에 못 나온 부부가 자식 셋 다 대학도 보내고, 출가시켜서 가정 일궈줬지, 또 두 다리 뻗고 잘 수 있는 번듯한 집 있지. 세상에 이렇게 잘 산 삶이 어딨노? 엄마 아빠는 최고로 잘 산 인생이다!"

누군가에게 당신은 참 잘 살았다는 칭찬만큼 듣기 좋은 소리가 있을까. 자식에게 듣는 칭찬으로 만들어진 두 분의 웃음은 오래전부터 듣고 싶었던, 하지만 나도 잊고 있었던 자긍심의 증표였다. 그날 두 분의 표정은 살면서 처음 보았던 것이었다.

아빠는 매일 기록을 하시던 분이었다.

예를 들면 "2020년 3월 1일 날씨 맑음 ○○이가 다녀갔다. ○서방도 함께 왔다. 안사람 심부름으로 두부 사러 다녀왔다. 농협 가서 5만 원 찾아 왔다."

이렇게 간단한 메모형식으로 아주 오랜 시간 작성하셨다. 그런데 신장 투석을 시작하신 후, 인지장애가 조금씩 오고 나서 기록이 멈추었다. 평소 수묵화를 그리고 싶다고 하였다. 내가 인사동 가서 사 온 벼루와 붓도 아빠가 늘 앉고 누워 계시는 흙 침대 한쪽에 있다가 치워져 있었다. 무언가를 자주 잊어버리고, 가던 길도 헤매는 일이 생겼다. 아빠에게 까먹지 않게 다시 기록하라고 몸에 지닐 수 있는 예쁜 수첩과 볼펜도 사드렸지만 사용되지 않고 있다.

기다리고 있다. 아빠의 기록이 이어지기를···.

노인대학 인문학과에서 어르신들과 글을 쓰고 그림을 그리는 수업을 시작한 건 우연이었다. 수업이 거듭될수록 달라졌다. 그렇게 어르신들의 마음이 열리고, 손이 움직이기 시작했다. 펜 끝에서 흘러나온 이야기들은 내게도 위로가 되었다. 아빠의 멈춘 기록과 이분들의 시작된 기록이 마음속 어딘가에서 맞닿았다. 어쩌면 나는 지금 아빠가 다시 펜을 들게 할 수 없는 대신, 누군가의 손에 펜을 쥐여 주는 일을 하는 건 아닐까.

"무엇이든 적어두세요. 당신의 이야기는 소중합니다." 그 문장이 그분들을 바꾸고, 나 역시 다시 피어난다. 이 수업을 통해 내가 배운 건 하나다. 늙는다는 것은 언젠가 사라지는 것이 아니라 익어서 새로운 삶을 틔우는 씨앗이 될 수 있다는 것이다. 떠난 이들에게 전하지 못한 말을 지금 살아 있는 이들에게 건넬 수 있다면 그것이 바로 회복이고 보답이며 사랑이다.

나는 오늘도 강의실 앞에 선다. 내가 직접 돌보지도 다 표현하지도 못한 분들의 남기고 간 마음과 말들을 나누고 있다. 이름도 성격도 다 다른 어르신들과 함께 글로, 웃음과 진심으로 전한다.

노래를 부른다. 시를 읊고, 책을 읽고, 마음을 어루만지는 말을 건넨다. 그 노래는 누구에게 들려주기 위한 것이 아니라 내가 나를 부르는 소리다.

"나는 괜찮은 사람이다. 나는 여전히 배울 수 있고 가르칠 수 있다. 내 삶은 아직 끝나지 않았다."

그렇게 나는 오늘도 누군가의 손에 연필을 쥐여 주며, 한 사람의 딸로서, 한 사람의 강사로서 활짝 피어나고 있다.

9

넘어진 자리에서

(전향연)

"우리의 영광은 결코 넘어지지 않는 데 있지 않고,
매번 넘어질 때마다 일어나는 데 있다."

– 공자

서울과 대구를 오가는 주말부부의 삶은 단순하지 않았다. 이동 거리만큼 마음에도 늘 거리가 있었다.

남편은 직장 일로 큰딸은 공부를 위해 서울에서 살았다. 둘이 함께 있으니 한결 마음이 놓였다. 내가 어렸을 때 엄마의 보호자로 시골에 살았던 것처럼 큰딸도 공부한다지만 사실은 남편의 보호자로 살았다.

나는 대구에서 두 아이를 돌보았다. 맏며느리로 집안의 대소사며 모든 일을 도맡아 했다. 하루 24시간이 모자랐다. 곁에 없는 남편에게 마음도 의지할 수 없는 날들이었다. 집안일과 아이 양육, 직장 업무는 온전히 내 몫이었다.

금요일이 되면 심야 우등버스로 매주 서울로 올라갔다. 일주일 동안 미루어져 있던 빨래며 청소, 반찬, 와이셔츠 손질, 집안 정리 정돈 등 쉴 틈이 없이 일했다. 시간은 왜 그리 빠른지. 눈 깜짝할 사이 대구로 내려와야 하는 시간이 된다. 일요일 새벽 심야 우등에 몸을 맡기고 긴 잠에 빠지면 어느새 대구 도착이다. 새벽 공기를 마시며 누구보다 먼저 하루를 시작한다. 서울 가면 대구에 있는 아이들 생각, 대구에 있으면 서울에 있는 남편과 큰딸 생각이었다.

주말 부부로 양쪽 살림까지 20년을 보냈다. 그 사이 아이들은 모두 성장하였다. 큰딸과 둘째 딸은 사회생활을 했고 아들은 군에 입대하였다.

그러던 어느 날 남편이 말했다. "이젠 더는 혼자 못 살겠다." 그 말은 오래도록 마음에 쌓여 있던 그리움과 외로움을 드러낸 것이었다. 유치원을 정리하여야 했다.

내가 제일 잘하고 좋아하는 일이었다. 삶의 일부였던 유치원 운영을 내려놓기란 쉽지 않았다.

고민하던 중 인수자가 나타났다. 그 시절 유치원 매매란 쉽지 않을 때였다. 마음 한편이 텅 빈 듯했지만, 남편의 외로움을 덜어주어야 한다고 마음을 다독였다.

유치원을 정리 했을 때 친구가 투자 이야기를 했다. "많은 수익이 나오는 가게가 있다고 투자해 보지 않을래?"라고 하였다. 그 투자처는 J

도시 한옥 마을이었다.

친구를 믿었기에 묻지도 따지지도 않았다. 망설임 없이 알겠다고 하였다.

처음에는 적은 금액으로 시작했다. 몇 달 동안 약속한 큰 수익이 들어왔을 때는 좋았다. 조금씩 투자 금액이 커졌다. 그러면서 메르스라는 전염병이 유행하여 가게에는 손님이 줄었다. 점점 상황은 달라졌다. 수익은 지연되고 연락은 끊겼다. 남은 건 상처뿐인 피해자가 되었다. 믿기지 않았다.

그날 이후 숨 쉬는 것도 힘들었다. 돈을 잃었다는 사실이 아니라 내가 어떻게 그런 선택을 했는가에 대한 자책감이었다. 믿었던 사람에게 당한 상처는 돈으로 환산할 수 없는 깊은 절망이었다. 내 삶 전체가 부정당한 것 같았다. 그 속에서 점점 작아졌다. 아이들의 웃음소리마저 멀게 느껴졌고, 남편과 마주 보는 것이 두려웠다. 어느 날, 떨리는 목소리로 고백했다. 상처받고 실망할까 봐 신경이 곤두섰다. 하지만 남편은 나를 바라보며 조용히 말했다.

"돈은 또 벌면 되지 이러다간 당신이 제명에 살기 힘들겠다."라며 다독여 주는 것이 아닌가.

쥐구멍에 들어가고 싶은 심정이었다.

남편의 그 말 한마디가 나를 다시 일으켜 세웠다. 이해받고 있다는 것, 내 존재 자체가 소중하다는 걸 처음으로 깊게 느꼈다. 그는 아무 말 없이 내 옆을 지켜주었다. 그 침묵 속에서 어떤 위로보다 더 큰 사랑을 느꼈다. 내가 무너지지 않기를 바라는 가족들의 따뜻한 손길이 나를 붙잡아 주었다.

　세상은 쉽게 품어주지 않았다. 하지만 더 이상 스스로를 어두운 구덩이 속에 가두지 않기로 했다.
　투자 실패로 잃은 돈보다 그 과정에서 느낀 상실감과 수치심이 더 깊게 나를 아프게 하였다. 모든 감정을 외면하지 않고 껴안기로 했다. 상처를 끌어안고 다시 일어서는 것이 내가 선택한 방식이었다. 중요한 건 바로 나였다.
　그때부터 내 삶은 조금씩 회복되기 시작했다. 중요한 건 살아 있다는 것, 숨 쉴 수 있다는 것. 그것은 가족이 곁에 있다는 것이다. 아직도 투자한 돈은 모두 되찾지 못했고 법적 절차는 진행 중이지만, 이제 그 일에 내 인생을 빼앗기지 않기로 다짐했다.
　덕분에 인생 공부 많이 했다. 법에 대해 몰랐던 것도 알았다. 증인으로 나오라는 연락을 받고 얼마나 떨리던지, 평생에 경험 안 해도 될 것을 내 돈 주고 이렇게 험한 꼴을 당하니 억울하기 짝이 없었다.
　죄는 짓지 않았는데 법원 가는 길이 무서웠다. 법 앞에 모든 국민이 평등하다지만 현실은 그렇지 않은 것 같았다. 나만 억울한 것 같고 도저히 이해할 수 없는 상황에 놓여 있었다. 분명히 사기꾼인데도 사건 하나 처리하는 시간이 길었다. 잃어버린 돈을 되찾으려다가 오히려 변호사비용에 짓눌려 버릴 지경이었다. 사기를 당해 돈도 잃고 법적으로 재판도 받아야 했다. 재판도 빨리 끝나지 않고 시간만 끌었다.

앞으로 누군가 내게 투자 이야기를 건넨다면 이렇게 말할 것이다. 예전에 그런 제안으로 꽤 힘든 시간을 보냈다고. 지금은 어떤 투자든 신중히 거절하고 있다고. 지금 내게 가장 중요한 투자는 나 자신이라고. "돈 거래는 절대 하지 마." 이 말은 이제 내 마음속 경고등이 아니라, 나를 지키는 신념이 되었다.

돈보다 사람이, 수익보다 경험이, 숫자보다 시간이 더 소중하다는 걸 알게 되었다.

누가 달콤한 말로 유혹해도 흔들리지 않을 것이다. 진짜 중요한 건 나를 잃지 않는 일이다.

10

잊었던 꿈,
그림책으로 꺼내다

(조정옥)

"겨울이 오면 봄도 멀지 않으리."

– 퍼시 셸리(Percy Shelley)

"**구름빵** 먹고 하늘 위로 날아다녀서 위험한 사람을 구해 줄 거야."

교습소를 할 때 지도한 7세 산이가 창작한 『**구름빵**』속 그림과 글이다. 나는 한때 7세부터 초등 5학년까지 속셈수업과 그림책 수업을 한 적이 있다. 교습소에도 소량의 그림책을 배치하고 도서관에서 빌려와 아이들에게 지도했다. 아이들에게 생각을 많이 하고 그림을 그리게 했더니, 행복하고 재미가 있다며 말하였다. 아이들의 상상력은 무궁무진했는데, 특히 산이는 기발한 상상력과 재미있는 아이디어로 내가 생각지도 못한 언어들을 표현했다.

D 어린이 도서관에는 아이들을 위한 책이 많아 대출하기 좋았다. 슈타이너 심리상담연구소에서 배운 기본이론과 대학원에서 배운 심

리 공부를 접목하여 속셈수업과 그림책 수업을 했다. 속셈 수업보다 그림책 수업을 아이들이 더 흥미로워했다.

그때부터 그림책 작가의 꿈은 지금까지 시들지 않고 있다. 그림을 배우려 범어 지하도의 아트웨이에 위치한 미술 선생님께 다녔다. 대구 아트웨이는 단순한 전시장이 아니라, 예술과 일상이 자연스럽게 만나는 통로였다. 범어역 지하도를 예술가의 창작 공간, 시민의 문화 향유 공간으로 탈바꿈시킨 곳이었다. 2시간 정도 화요일마다 다녔다.

S 도서관에서 운영하는 '2023년 길 위의 인문학 사업' 그림책 출판하는 프로그램이 있었다. 2023년 5월부터 11월 3일까지 책을 출판하여 기념회까지 하는 일정이었다.

수강생과 그림책을 제작하는 과정은 즐거웠다. 선생님 세 분이 다른 분위기와 그림책을 분석하여 주었다. 첫 번째 선생님은 영어 그림책을 여러 주차로 들려주시고 삶의 통찰을 위한 자서전 쓰기부터 죽음에 대해서 풀어주었다.

두 번째 선생님은 논술 선생님이었다. 아프셨지만 줌으로 수업을 해주고 추억을 되살려 나를 쓰고 발견하게 하였다. 어린 시절을 상상하고 엄마의 이야기와 나의 소꿉놀이부터 여고 시절까지 추억하게 했다. 시골에서 대구로 유학 온 이야기를 적기도 하고 과거와 미래를 연결하여 적어보았다. 생각하여 보면 지나간 시간은 보물 같은 날이었고 지금도 감사한 날이다.

세 번째 선생님은 열두 번 수업을 진행하여 주었다. 인쇄소에 맡기는 일과 출판을 마무리했다. 나에게 그림책의 인물과 연결할 수 있도록 지도해 주었다.

나의 그림책에는 분홍빛 집에서 따뜻한 가족 사랑, 자연 속에서의 평온한 소풍, 그리고 여행과 예술에 대한 꿈을 담고 있다. 오토바이와 바닷길을 달리고 싶은 자유의 갈망, 아버지의 품에서 느낀 그리움과 사랑이 그려졌다. 삶의 순간들을 감성적으로 엮은 희망과 추억의 자전적 이야기다.

급한 일이 생겨 출판회와 전시하는 날은 못 가 아쉬웠다.

도서관 관장님과 세 분의 선생님을 모시고 전시도 하며 기념 촬영과 출판회를 하였다고 들었다.

초등학교 때 담임선생님께 48색 크레파스를 선물 받고부터 그림을 그리고 싶었다. 중학교 때도 미술 수업을 배우고 싶었는데 엄마는 "방학인데 학교까지 차비 드니 방학 때는 쉬어라."라고 했다. 고등학교 때 미술 선생님은 아주 멋있었다. 왼손으로 그림을 그리는 유명 화가였다. 학교 내 동아리도 있어서 그림을 배우는 아이들이 부러웠다.

그림을 그리고 싶은 마음은 그렇게 항상 간직하고 있었다. 그런데 문학 심리를 공부하게 되면서, 그림책으로 사람을 치유해 주고 힐링해 주는 공부가 가슴을 뛰게 하였다.

그림책도 좋은 책이 너무 많았다. 그 책 중에서도 앤서니 브라운의

『돼지』책에 마음이 갔다.

　가사 노동은 여성만의 일이 아니라 가족 모두의 책임임을 이야기하였다. 서로 존중하고 협력하는 관계가 진정한 가족임을 보여 준다. 그림 곳곳에 돼지 이미지가 숨어 있는 것도 찾는 게 재미있었다.

　토미 웅거러의 『달 사람』은 아주 유명한 책이다. 달에 혼자 살던 달 사람이 지구 사람들과 어울리고 싶어 지구로 내려오지만, 사람들은 그를 침입자로 오해해 감옥에 가둔다. 달 사람은 시간이 지나며 점점 날씬해져 탈출에 성공하고, 결국 과학자의 도움으로 다시 달로 돌아간다. 이 이야기는 다름에 대한 편견, 사회적 다양성, 그리고 관용의 필요성을 유머와 풍자로 풀어낸 작품이다.

　이 그림책들은 치유와 창의력까지 가지고 있었다. 나는 다시 그림을 그리고 글을 적고 싶다. 치유와 힐링 되는 책을 쓰고 싶다. 그림책을 더 연구하고 심층 분석하여 내 인생의 꽃을 피우고 싶다.

　내가 지내온 시간이 나를 만들었다. 어린 시절의 작은 선물, 아이들과의 수업, 그림책을 통한 치유의 경험은 나를 발견하고 성장시키는 여정이었다. 그림책을 만들며 글을 쓰고 그림을 배우는 과정은 단지 창작이 아니라 자신을 돌보고 회복하는 시간이 되었다.

　이 글을 쓰면서 잊고 있던 꿈과 감정을 다시 꺼내어 볼 용기를 얻을 수 있었다.

　일상의 사소한 순간이 얼마나 소중한 이야기로 엮일 수 있는지를 깨달았다. 간직하지만 말고 지금 이후의 시간을 글과 그림으로 사소한 이야기라도 엮어보리라.

질문으로 건너는 시간 4

#회복
무너진 자리에서 나를 일으켜 세운 힘은 무엇이었나요?

끝이라 여겼던 순간조차 새로운 시작의 문턱이었습니다. 삶은 때때로 겨울처럼 모든 것이 멈춘 듯 보일 때가 있습니다. 하지만 시간이 흐르면 언 땅을 뚫고 새싹이 돋아나듯, 다시 살아내고, 다시 웃고, 다시 꿈꾸게 됩니다.

그때의 자신을 기억하세요.
다시 피어나는 힘은 이미 당신 안에 있다는 사실을 확인할 수 있을 것입니다.

김혜련   끝이라 믿었던 순간조차 새로운 시작이었습니다. 흩어진 조각들을 하나씩 모으며 나를 만들었습니다. 삶은 포기하지 않는 것이었습니다."

박경애   무너졌다고 여긴 순간에도 다시 일어날 힘은 내 안에 있었습니다.

	그 힘이 나를 다시 살아내게 했고 새로운 시작을 선물했습니다.
박계자	내가 나를 안아 주었을 때 다시 서게 되었습니다. 회복은 자기 연민이 아니라 자기 사랑에서 시작되었습니다. 희망은 늘 무너진 자리에서 더 강하게 피어났습니다.
박명애	무너진 자리를 지나며 배운 건 다시 일어설 힘이 이미 내 안에 있다는 사실이었습니다. 그 힘이 오늘의 나를 살립니다.
박영희	상실의 순간은 길고 깊었지만, 결국 나를 단단하게 했습니다. 눈물 끝에서 다시 걸음을 떼게 한 건 작은 희망이었습니다. 희망은 나를 일으키는 가장 큰 손길이었습니다.
박윤주	기억 속 가장 어두운 날에도 빛은 있었습니다. 그 빛을 붙잡자 다시 일어날 수 있었습니다. 다시 시작할 힘은 내 안에 있었습니다. 그 힘이 나를 일으켜 세우고 또 다른 삶을 열어주었습니다.
윤보연	무너진 자리마다 사랑이 스며들었고, 그 사랑이 나를 다시 세웠습니다. 사랑은 늘 회복의 시작이었습니다
이희정	아픔을 껴안았을 때 비로소 다시 웃을 수 있었습니다. 회복은 상

　　　　처 속에서 움트는 새싹이었습니다. 끝이라 믿었던 순간마다 나는 더 강하고 깊은 사람이 되었습니다.

전향연　어둠 같던 시간에도 결국 빛은 스며들었습니다. 그 빛이 나를 일으켜 세우고 다시 걷게 만들었습니다. 나를 일으킨 건 믿음이었습니다.

조정옥　무너져 본 사람만이 일어섬의 힘을 압니다. 나는 그 자리에서 새로운 나를 만났습니다. 희망은 언제나 무너진 자리에서 더 선명하게 빛났습니다.

마 치 는 글

김혜련

글을 쓰며 지난 시간을 되돌아보았다. 삶을 돌아보는 일은 나를 마주하는 일이었다. 그 순간이 쌓여 지금의 내가 되었다. 무심히 지나온 일상에도 의미는 있었고 아픔조차도 나를 단단하게 만들었다. 인생은 수많은 쉼표와 마침표가 이어져 완성되는 이야기다. 매일 쓰는 한 줄에서 출발한다. 주저하기보다 일단 쓴다. 글을 쓸 수 있어 힘을 낸다. 글쓰기는 세상에 휩쓸리지 않도록 중심을 잡아준다. 낯선 오늘 앞에서 익숙함을 벗고 온전히 나로 살아내고 싶다.

박경애

글을 쓰고 싶었다. K 작가의 공저 1기 모집에 망설임 없이 신청하였다. 오랫동안 바람으로만 품고 있던 마음을 실천했다. 내 삶은 힘든 시기만 있었다고 생각하였다. 글을 쓰면서 행복했던 순간도 많았다는 것을 깨달았다. 나를 내버려둔 채 남을 위해 살아왔다. 돌아보니 그 시간은 결국 나를 위한 시간이기도 했다. 글쓰기는 기억을 정리하고 삶을 위로했다. 한 가정의 부모로 꿋꿋하게 살아내고 있다. 나의 글이 힘든 상황을 겪고 있는 이들에게 힘이 되길 바란다.

박계자

매사에 느리다. 그래서 나를, 공저 쓰기의 틀 속에 집어넣었다. '느린 보법'보다 '빠른 보법'의 기능을 다시 사용하고 싶었다. 역시 쉽지 않은 걸음이었다. 그래도 여기까지 꾸역꾸역 걸어왔다. 도착하고 보니 걸음걸이 빠르기 정도가 큰 걸림돌이 되는 게 아니었다. 집중의 문제였다. 하나를 이루려고 나아갈 때, 주위의 여러 상황이 정리되는 그것을 체험했다. 이 하나만으로 충분하다. 한 곳에 매진하는 힘이 또다시 다져졌으니까. "일단 시작하자. 그러면 주위 환경은 알아서 정리된다."

박명애

꿈을 찾는 여정에 글쓰기를 또 하나의 마력으로 이끈 공저 1기 작가님들과 함께 나아갈 수 있었고, 밀어주고 당김의 과정에서 나눔의 글, 배려의 글로 위안을 받았다. 용기를 가지고 나를 찾아가는 시간을 느낄 수 있는 희망의 속도감에 탄력을 불어넣어 주었다. "쇠뿔도 단김에 뺀다." 라는 옛 속담이 있듯 글이 다듬어지는 연속성에서 준 몰입 과정은 글쓰기로 여정을 다 잡아보게 되는 초입의 계기가 될 것 같다.

박영희

겁나는 마음으로 책 쓰기에 도전했다. 앞이 막막하고 흔들릴 때도 많았다. 작가님의 꾸준한 코칭과 따뜻하게 끌어줌 덕분에 마음을 다잡을 수 있었다. 도움을 받으며 또 누군가에게 작은 힘이 될 수 있음에 뿌듯함도 느꼈다. 여러 번의 수정 과정을 거치며 글이 다듬어지는 기쁨을 맛보았다. 그 안에서 조금씩 성장하는 나 자신을 만났다. 이제는 조심스럽게 용기 내어, 다음 걸음을 내디뎌 본다. 비록 완벽하지 않아도, 진심을 담은 글은 누군가의 마음에 닿을 수 있다고 믿는다.

박윤주

내 나이 팔십이 다 되어 책 쓰기에 참여했다. 함께 하는 사람들이 있어 할 수 있었다. 책 쓰기를 통해 지나온 나의 삶을 되돌아보게 되었다. 지나고 보니 아픔, 기쁨도 있었지만 그래도 잘살아온 나를 발견했다. 성실한 작가님의 격려와 지도에 감사하고 함께 도움 준 분들에게도 감사하다. 세상은 이렇게 함께하여 한없이 좋다. 내 인생에서 아주 큰 일을 했다. 이 용기 있는 기록이 누군가에게 작은 희망이 되기를 바란다.

윤보연

될 수밖에 없는 환경을 만들라는 K 작가님의 말씀이 뇌리에 꽂혔다. 이제까지는 무엇이 되었든 주어진 삶에 만족하고 순응하며 살아왔다. 앞으로는 내가 만드는 삶을 살아야겠다. 그 첫 단추가 글쓰기다. 글쓰기의 매력을 알 기회가 되었다. 함께한 작가님들께 감사드린다. 함께여서 가능했다. 이제는 나의 이야기를 나답게 써 내려갈 용기를 얻었다. 생각을 꺼내어 말로 옮기고, 말에서 글로 이어지는 과정이 참 소중했다. 나를 표현하는 새로운 시작이 되어 줄 것 같다.

이희정

살다 보면 잊히지 않는 순간들이 있다. 말하지 못한 마음, 끝내 꺼내지 못한 문장, 돌아서고 나서야 더 깊이 느껴지는 온기, 그 조각들을 하나하나 모아 글로 붙들었다. 이 글들은 놓치고 싶지 않았던 사람들과의 기억이자 다시는 돌아오지 않을 계절에 띄우는 작은 편지다. 그리고 나는 안다. 흔들렸지만 무너지지 않았고, 멈췄지만, 다시 걸을 수 있었다는 것을. 내가 지나온 모든 날이 앞으로 나아갈 힘이 된다는 것을. 비로소 나는 내 삶을 글로 안아 줄 수 있게 되었다.

전향연

끝이라 여겼던 순간마다, 삶은 조용히 다가와 다시 시작할 용기를 안겨주었다. 사람을 통해, 관계를 통해, 때로는 아픈 넘어짐을 통해 성장했다. 그 모든 시간이 모여, 흔들리면서도 단단한 '지금의 나'를 만들었다. 스쳐 간 인연과 마음에 남은 사람들, 그리고 다시 일어선 자리에서 배운 것을 글로 나누었다. 이 여정이 누군가에게 따뜻한 위로가 되었으면 좋겠다. 훗날, 이 글을 다시 펼쳐 보며 미소 지을 수 있기를 바란다.

조정옥

지나온 시간을 돌아보면 아픔도 기쁨도 결국 나를 빚어낸 재료였다. 글을 쓰는 풍경 속에서 나를 다시 만났다. 유방암이라는 낯선 고통 앞에서도 멈추지 않았다. 두려움 속에서 삶을 껴안고, 희망을 향해 걸어갔다. 그 모든 순간이 모여 지금의 나를 만들었다. 새로운 날은 늘 어제의 흔적 위에 피어난다. 완벽하지 않아도 괜찮다는 걸 이제 조금 알 것 같다. 쓰고 읽고 살아내면서 계속 나아간다. 나의 이야기가 누군가의 마음에 닿기를 바란다.